裁判例に見る

税理士損害賠償の回避ポイント

弁護士法人 みらい総合法律事務所
弁護士・税理士 谷原 誠 著

LOGICA
ロギカ書房

はじめに

「税理士は、税務に関する専門家として、納税義務者の信頼にこたえ、納税義務の適正な実現を図ることを使命とする専門職であり（税理士法１条参照）、納税者から税務申告の代行等を委任されたときは、委任契約に基づく善管注意義務として、委任の趣旨に従い、専門家としての高度の注意をもって委任事務を処理する義務を負うものと解される。」（東京地裁平成22年12月８日判決（判例タイムズ1377号123頁））

この高度の注意義務に違反し、その結果、依頼者に損害を生じさせた場合には、債務不履行に基づく損害賠償義務を負う。

また、契約関係にあろうとなかろうと、税理士の行為が不法行為の要件を満たす時も、同じく損害賠償義務を負うことになる。

株式会社日税連保険サービスのホームページ（https://www.zeirishi-hoken.co.jp/zeibai/index.html）に掲載されている税理士職業賠償責任保険事故事例（2023年７月１日～2024年６月30日）によると、保険金の支払状況は、2020年は22億5600万円、2021年は17億7000万円、2022年は18億300万円、2023年は23億7200万円とされている。

著者が代表社員を務める弁護士法人みらい総合法律事務所では、「税理士を守る会」という税理士だけが会員になれるリーガル・サービスを提供しているが、そこでは、日常的に、税理士損害賠償の相談がある。前述の税賠保険の統計や判例集に掲載される税理士損害賠償の裁判例は、氷山の一角であり、実際には、その何倍もの税理士損害賠償請求がされ、訴訟にならずに和解により解決され、または、訴訟上の和解で解決しているのが実情である。

また、税理士から当事務所に寄せられる税理士損害賠償の相談は、税理士になって初めての経験である、ということが多いことも特徴である。つまり、これまで一度も損害賠償請求をされた経験のない税理士であっても、いつ、自分が当事者になるかもしれない、ということである。

その意味でも、税理士は、税理士損害賠償で訴訟に発展した事例にどんなものがあるのか、また、税理士が勝訴、または敗訴した税理士損害賠償の回避ポ

イントはどこにあるのか、について知っておくことが、自ら税理士損害賠償の当事者にならないための有益な知識となると考える。

　そこで、本書では、比較的最近の税理士損害賠償の裁判例をピックアップし、事案、争点、双方の主張、判決を紹介した上で、その訴訟において回避ポイントについて解説を試みるものである。

　本書が、税理士の先生方の税理士損害賠償の発生の防止に役立つことがあれば、これほどの幸せはない。

2024年11月

弁護士・税理士　谷原　誠

第1部　税理士損害賠償の基礎知識 …… *1*

第2部　裁判例解説 …… *13*

賠償額制限条項の不適用　　　　　　　　（税理士敗訴）
福岡地裁令和5年6月21日判決（TAINS　Z999-0182） …… *14*

住宅ローンに係る誤った助言による損害賠償請求　（税理士敗訴）
東京地裁令和4年5月16日判決（D1-law.com　29070968） …… *30*

誤った助言による過大な相続税の納付　　　（税理士勝訴）
東京地裁令和4年4月19日判決（TAINZ　Z999-0180） …… *43*

事前通知のない税務調査を拒否した税理士の義務違反　（税理士敗訴）
千葉地裁令和3年12月24日判決（TAINS　Z999-0179） …… *60*

税額算定の誤りによる過大な租税債務負担　　（税理士敗訴）
東京地裁令和3年11月11日判決（D1-Law.com　29067753） …… *70*

経費の架空計上に係る税務上の適切な助言・指導の懈怠　（税理士勝訴）
東京地裁令和3年8月4日判決（D1-Law.com　29065956） …… *87*

委任契約書の責任制限条項の有効性　　　　　　　　（税理士敗訴）
　　　横浜地裁令和2年6月11日判決（TAINS　Z999-0178）………………97

横領に関する税理士の報告・是正・指導に係る善管注意義務
　　　　　　　　　　　　　　　　　　　　　　　　（税理士一部敗訴）
　　　東京地裁令和2年2月20日判決（TAINS　Z999-0181）……………117

課税の発生に係る助言義務違反の有無　　　　　　（税理士敗訴）
　　　東京地裁令和1年10月15日判決（D1-Law.com　29056239）…………131

役員退職金に係る助言義務違反の有無　　　　　　（税理士勝訴）
　　　東京地裁平成31年1月11日判決（ウエストロー・ジャパン　2019WLJPCA01118009）
　　　　　　　　　　　　　　　　　　　　　　　　　　　………………142

遺言に基づかない相続税申告による不必要な相続税納付　（税理士敗訴）
　　　東京地裁平成30年2月19日判決（TAINS　Z999-0172）……………153

取引実態と乖離した確定申告に係る損害賠償請求　（税理士勝訴）
　　　東京地裁平成27年11月26日判決（D1-Law.com　29015538）………165

申告期限の経過による無申告加算税、延滞税等　　（税理士勝訴）
　　　東京地裁平成27年3月9日判決（D1-Law.com　29024890）…………180

消費税の課税形態の助言をしなかったことに係る損害　（税理士勝訴）
　　　東京地裁平成26年3月26日判決（TAINS　Z999-0156）……………192

相続人の日本国籍喪失を確認せず申告　　　　　　（税理士敗訴）
　　　東京地裁平成26年2月13日判決（TAINS　Z999-0145）……………205

第1部
税理士損害賠償の基礎知識

税理士が依頼者から損害賠償請求をされる場合、「債務不履行責任」あるいは「不法行為責任」に基づいて行われる。そこで、税理士の損害賠償責任の法的根拠について概説する。

1　債務不履行責任

(1)　債務不履行の要件

　民法415条は、「債務者がその債務の本旨に従った履行をしないとき又は債務の履行が不能であるときは、債権者は、これによって生じた損害の賠償を請求することができる。ただし、その債務の不履行が契約その他の債務の発生原因及び取引上の社会通念に照らして債務者の責めに帰することができない事由によるものであるときは、この限りでない。」と規定する。

　債務不履行責任に基づく損害賠償請求は、この規定に基づくものである。

　要件は、以下のとおりである。

① 債務の存在
② 債務の本旨に従った履行をしなかったこと
③ 損害の発生
④ 債務不履行と損害との因果関係

　これらについては、依頼者側が主張立証責任を負担するとされている。これに対し、税理士は、「その債務の不履行が契約その他の債務の発生原因及び取引上の社会通念に照らして債務者の責めに帰することができない事由によるものであるとき」であることを主張立証しなければ責任を免れることができない。

　債務不履行には、次の3つの種類がある。

① 履行遅滞（債務の履行が可能であるのに履行期を徒過すること）
② 履行不能（債務の履行が契約その他の債務の発生原因及び取引上の社会通念に照らして不能であること）
③ 不完全履行（不完全な給付をしたこと）

　「債務の本旨に従った履行をしないとき」とは、法律の規定、契約の趣旨、取引慣行、信義誠実の原則等に照らして適当な履行をしないことである。そこで、税理士と依頼者との関係がどのような契約に該当するのか、が問題となる。

契約の内容に関しては、契約自由の原則により、税理士と依頼者との間で自由に取り決めることができる。多くの場合は、税理士法2条1項所定の業務を行う旨の契約が締結されている。この点、最高裁昭和58年9月20日判決は、「本件税理士顧問契約は、被上告会社が、税理士である上告人の高度の知識及び経験を信頼し、上告人に対し、税理士法二条に定める租税に関する事務処理のほか、被上告会社の経営に関する相談に応じ、その参考資料を作成すること等の事務処理の委託を目的として締結されたというのであるから、全体として一個の委任契約であるということができる。」として、税理士と依頼者顧問会社との契約を委任契約であると解釈した。税理士と依頼者との間の契約は、多くの場合、委任契約と解釈されると思われる。

　委任契約は、「委任は、当事者の一方が法律行為をすることを相手方に委託し、相手方がこれを承諾することによって、その効力を生ずる。」（民法643条）とされている。そして、法律行為ではない事務を委託する場合には、「準委任契約」となり、委任契約の規定が準用される（民法656条）。税理士法2条2項に規定する「会計帳簿の記帳の代行」は、法律行為を委託するものではないから、準委任契約ということになる。

　なお、税務代理を伴わず、税務申告書の作成のみを委託され、税務申告書の完成に対して報酬が支払われる場合には、「請負契約」と解釈される場合があるであろう。

　請負契約は、「請負は、当事者の一方がある仕事を完成することを約し、相手方がその仕事の結果に対してその報酬を支払うことを約することによって、その効力を生ずる。」（民法632条）と規定されている。

　以上から、税理士の債務不履行責任とは、税理士と依頼者との間の「委任契約」「準委任契約」「請負契約」、あるいは、それらの混合契約によって要求される適当な債務の履行をしない場合に発生する、ということになる。

(2) 免責事由

　債務不履行の要件を満たした場合、税理士は、「その債務の不履行が契約その他の債務の発生原因及び取引上の社会通念に照らして債務者の責めに帰することができない事由によるものであるとき」であることを主張立証しなければ

責任を免れることができない。

　この点、東京地裁平成22年12月8日判決（判例タイムズ1377号123頁）は、「税理士は、税務に関する専門家として、納税義務者の信頼にこたえ、納税義務の適正な実現を図ることを使命とする専門職であり（税理士法1条参照）、納税者から税務申告の代行等を委任されたときは、委任契約に基づく善管注意義務として、委任の趣旨に従い、専門家としての高度の注意をもって委任事務を処理する義務を負うものと解される。」と判示している。この善管注意義務に違反した場合には、「債務者の責めに帰する」と判断されることになる。

(3) 履行補助者

　履行補助者とは、債務を履行するために債務者が履行過程に投入した者のことである。税理士の職員のみならず、他の開業税理士に再委託した場合も履行補助者に該当する。

(4) 過失相殺

　税理士の債務不履行に基づく損害賠償責任が発生する場合であっても、依頼者の側にも、債務不履行自体、または債務不履行による損害の発生ないし拡大に関して過失があったときは、裁判所は、損害賠償の責任及びその金額を定めるにつき、これを斟酌して減額することがある。これが「過失相殺」である。民法418条は、「債務の不履行に関して債権者に過失があったときは、裁判所は、これを考慮して、損害賠償の責任及びその額を定める。」と規定し、債務不履行において過失相殺の制度を定めている。

(5) 損益相殺

　税理士の債務不履行によって依頼者が損害を被った場合であっても、依頼者が同一の原因によって利益を受けた場合に、損害と利益との間に同質性があるかぎり、損害額から依頼者が受けた利益額を控除した額をもって、損害賠償額とする。これを「損益相殺」という。たとえば、税理士の善管注意義務違反により消費税の過大納付を余儀なくされた場合に、同時に法人税額が減少しているときは、その金額を損害額から差し引くことになる。

(6) 消滅時効

　債務不履行に基づく損害賠償請求権は債権であり、債権には、「消滅時効」という制度がある。「消滅時効」は、債権を一定期間行使しない時に、その債権を消滅させる制度である。

　民法は、次のように定めている。(2020年4月1日以降に損害賠償請求権が発生した場合)

> 民法第167条
> 1　債権は、次に掲げる場合には、時効によって消滅する。
> 　一　債権者が権利を行使することができることを知った時から5年間行使しないとき。
> 　二　権利を行使することができる時から10年間行使しないとき。

　消滅時効は、当事者が「援用」することによって、効力が発生する。したがって、税理士が、消滅時効により損害賠償債務を免れようとするときは、内容証明郵便などによって、「消滅時効を援用する」旨、依頼者に通知することが必要となる。

　まず、依頼人が税理士に対し、損害賠償請求ができることを知った時から5年で時効消滅し、知らなかったとしても、損害賠償請求権が成立し、請求可能となった時から10年で時効消滅することになる。

　2020年4月1日より前に損害賠償請求権が発生した場合には、改正前民法が適用され、債権者が権利を行使することができる時から10年間行使しないときは、時効により消滅する。

2　不法行為責任

(1) 不法行為の要件

　不法行為に基づく損害賠償責任は、民法709条に規定されている。同条は、「故意又は過失によって他人の権利又は法律上保護される利益を侵害した者は、これによって生じた損害を賠償する責任を負う。」と規定する。

　不法行為は、契約関係があってもなくても、一定の要件を満たせば成立する

ものである。

したがって、契約関係にない第三者から不法行為に基づく損害賠償請求をされることがある。

不法行為の要件は、以下のとおりである。

① 故意・過失
② 責任能力
③ 権利又は法律上保護される利益の侵害
④ 損害の発生
⑤ 行為と損害との間の因果関係

① 故意・過失

「故意」は、「結果の発生を認識しながらそれを容認して行為する」ことである。

「過失」は、「損害の発生を予見し、これを防止する注意義務があるのに、これを怠ること」である。そして、損害の発生についての「予見可能性」と、損害の発生について「結果回避可能性」があることが必要である。損害の発生を予見でき、かつ、その結果を回避できたにもかかわらず、回避しなかった場合に過失が認められる、ということになる。

故意・過失の立証責任は被害者側が負担する。

② 責任能力

責任能力は、自己の行為が違法なものとして法律上非難されるものであることを弁識しうる能力があることである。

③ 権利又は法律上保護される利益の侵害

不法行為が成立するのは、税理士の善管注意義務によって過大な納税が発生し、依頼者の財産権が侵害された場合のように、権利侵害の場合に限らず、「法律上保護される利益」が侵害した場合も含む。

証明書の添付漏れにより、相続税の納税猶予措置が受けられなかった事例について、東京地裁平成16年3月31日判決（TAINS　Z999-0097）は、「享受し得

る高度の蓋然性があったと認められる本件納税猶予措置を受けることができなくなり、ひいては、納税免除を受ける可能性のある地位を確定的に喪失させられてしまったのであって、これにより相当な精神的苦痛を受けたと認められ、こうした被告の違法な行為によって原告の被った精神的苦痛に対しては、慰藉料の支払義務を免れない」と判示し、慰謝料100万円を認めた。また、守秘義務に違反したとして、慰謝料を認めた判例もある（大阪高裁平成26年8月28日判決、判例タイムズ1409号241頁）。

民法710条は、「他人の身体、自由若しくは名誉を侵害した場合又は他人の財産権を侵害した場合のいずれであるかを問わず、前条の規定により損害賠償の責任を負う者は、財産以外の損害に対しても、その賠償をしなければならない。」と規定し、「財産以外の損害」に対する損害賠償を認めており、慰謝料は、精神的損害として、この「財産以外の損害」に含まれる。

(2) **使用者責任**

民法715条1項は、「ある事業のために他人を使用する者は、被用者がその事業の執行について第三者に加えた損害を賠償する責任を負う。」と規定する。これを「使用者責任」という。

「事業の執行について」に関し、最高裁昭和40年11月30日判決は、「『事業ノ執行ニ付キ』とは、被用者の職務執行行為そのものには属しないが、その行為の外形から観察して、あたかも被用者の職務の範囲内の行為に属するものとみられる場合をも包含する」と、広く解している。

民法715条但書きは、「使用者が被用者の選任及びその事業の監督について相当の注意をしたとき、又は相当の注意をしても損害が生ずべきであったときは、この限りでない。」と規定するが、従業員から誓約書を徴求し、就業規則を設け、日常的に教育している程度では相当の注意をしたとは認められず、免責されない、と考えた方が良いだろう。

(3) **過失相殺**

民法第722条2項で、「被害者に過失があったときは、裁判所は、これを考慮して、損害賠償の額を定めることができる。」と規定して、過失相殺の制度を

設けている。
　損害の公平な分担の理念の基づいている。

(4) 損益相殺

　債務不履行の項で述べた損益相殺については、不法行為に基づく損害賠償責任にも当てはまり、依頼者が損害と同時に利益を得た場合には、その額を損害から差し引くこととなる。

(5) 消滅時効

　不法行為に基づく損害賠償請求権の消滅時効については、民法は、次のように定めている。

> 民法第724条
> 　不法行為による損害賠償の請求権は、次に掲げる場合には、時効によって消滅する。
> 　一　被害者又はその法定代理人が損害及び加害者を知った時から3年間行使しないとき。
> 　二　不法行為の時から20年間行使しないとき。

　消滅時効の起算点は、「損害及び加害者を知った時」である。この解釈について、最高裁昭和48年11月16日判決は、「『加害者ヲ知リタル時』とは・・・加害者に対する賠償請求が事実上可能な状況のもとに、その可能な程度にこれを知った時を意味するものと解するのが相当であり、被害者が不法行為の当時加害者の住所氏名を的確に知らず、しかも当時の状況においてこれに対する賠償請求権を行使することが事実上不可能な場合においては、その状況が止み、被害者が加害者の住所氏名を確認したとき、初めて『加害者ヲ知リタル時』にあたる」と判示している。

3　税理士の注意義務の9類型

　税理士損害賠償責任に関する過去の裁判例を分析すると、問題となる注意義

務の類型は 9 つに分類される。
① 説明助言義務
② 有利選択義務
③ 不適正処理是正義務
④ 前提事実の確認義務
⑤ 積極調査義務
⑥ 税法以外の法令調査義務
⑦ 租税立法遵守義務
⑧ 正しく事実認定をする義務
⑨ 第三者に対する義務

以下では、各注意義務について概説する。

① **説明助言義務**

　税理士は、依頼者に対して関連税法及び実務に関して、有益な情報および不利益な情報を提供し、依頼者が適切に判断できるように説明及び助言をしなければならない。この説明助言義務が争点となる場合には、（1）そもそも説明助言義務を負うか、（2）説明助言義務があることを前提として、説明助言をしたか、（3）説明助言に誤りがあるか、が争いになる。

　ポイントとしては、税理士が実際には説明助言をしたとしても、訴訟において、それを立証できなければ、損害賠償責任が認められてしまう可能性がある、ということである。税理士が説明助言した客観的資料がない場合に、証人尋問だけで説明助言の事実を立証するのはかなりハードルが高い。したがって、できる限り説明助言をしたことを証拠化しておくことが肝要である。また、業務を受任する場合に、必要な説明を記載した説明書ひな形を交付し、それに基づいて説明し、「説明を受けて理解した」旨の書面に署名押印を得ておくことも有用である。

② **有利選択義務**

　複数の選択しうる税務処理の方法がある場合において、法令の許容する限度で依頼者に有利な方法を選択する義務である。

神戸地裁平成14年6月18日判決（TAINS　Z999-0052）は、「委任契約上、税理士として、相続税のための財産評価にあたり、財産評価基本通達を含む法令に則り、依頼者のためにできるだけ有利な評価を採用するようにする注意義務があり、そのため必要な質問や調査を尽くすべき義務があるというべきである。」と判示した。

③　不適正処理是正義務

税理士は、税理士業務を行うに当たって、委嘱者が不正に国税若しくは地方税の賦課若しくは徴収を免れている事実、不正に国税若しくは地方税の還付を受けている事実又は国税若しくは地方税の課税標準等の計算の基礎となるべき事実の全部若しくは一部を隠ぺいし、若しくは仮装している事実があることを知ったときは、直ちに、その是正をするよう助言しなければならない（税理士法41条の3）。また、依頼者の指示や説明などに不適正があった場合も、これを是正する義務がある。

東京地方裁判所平成24年12月27日判決（TAINS　Z999-0141）は、「税務の専門家としての観点から、委任者の説明内容を確認し、それらに不適切な点があって、これに依拠すると適切な税務申告がされないおそれがあるときには、不適切な点を指摘するなどして、これを是正した上で、税務代理業務等を行う義務を負うと解される。」と判示した。依頼者の説明には、誤解や記憶違い、意図的な嘘などの可能性があるため、依頼者の説明を鵜呑みにせず、資料と整合しているか、矛盾点はないか、常に注意することが肝要である。

④　前提事実の確認義務

税理士は、税務処理の前提となる事実について、資料を精査し、関係者に質問することにより前提事実を解明すべき注意義務がある。

税理士が必要な調査を行うことは当然であるが、訴訟において、調査したことを立証できるよう調査のプロセスと結果を証拠化しておくことが肝要である。

⑤　積極調査義務

　税理士は、税務処理をするにあたり、依頼者の説明や資料が不十分であるなどの場合には、依頼者に対して積極的に質問したり、資料提示を求め、調査する義務がある。

　依頼者の説明や提出資料に漫然と依拠して業務を行うのではなく、資料の精査をすることが重要であるといえる。

⑥　税法以外の法令調査義務

　税理士は税務の専門家として、税法を調査する義務があることは当然であるが、税務処理をする前提として、税法以外の法令の適用が必要となる場合があり、この場合に税理士は、税法以外の法令の調査義務を負う。

　税理士は、税務処理の前提として税法以外の法令の適用がある場合には、その法令を調査確認すべき義務を負うが、法律の専門家のような厳密な法令調査義務を有するものではなく、税理士として尽くすべき調査を行っていれば、善管注意義務違反になるものでない。

⑦　租税立法遵守義務

　税理士は、租税立法の文言に直接的に反する行為をしてはならないことはもとより、租税立法の趣旨に反する行為をしてはならない義務を負う。また、仮に通達に反する助言をする場合には、通達に反する旨、及び後日依頼者に不利益が生ずる可能性があること、後日の税務調査において、処理の妥当性を立証できる証拠を収集しておくよう助言する義務がある。

⑧　正しく事実認定をする義務

　税理士が業務を行う場合には、事案に適用すべき各種税法に関する法令を解釈し、事実を認定し、法令に事実をあてはめることになる。そこで、事実を正しく認定しなければ誤った処理となり、依頼者に損害を与える可能性がある。したがって、税理士は、正しく事実認定をする義務がある。

　裁判では、（1）税理士がいかなる調査をしたか、（2）いかなる資料に基づいて検討したか、（3）どのように判断したか、が検討されるため、必要な調

査をした上で、これらの資料を証拠として残しておくことが肝要である。

⑨ 第三者に対する義務

　税理士が作成した税務書類は、依頼者により金融機関や大口債権者に提出され、それをもとに判断されて融資や取引等が行われることがある。しかし、税務書類に誤りがあったために、債権の回収が不可能になり、損害が生じた場合には、債権者は、損害の原因を作ったのが税理士であるとして、税理士に対して、不法行為に基づく損害賠償請求をする場合がある。これが、税理士の第三者に対する義務である。

第2部
裁判例解説

賠償額制限条項の不適用
（税理士敗訴）

福岡地裁令和5年6月21日判決（TAINS　Z999-0182）

> 顧問税理士に消費税等の有利選択等の誤りについての損害賠償の算定について、顧問契約における賠償額制限条項が適用されるとしたものの、同条項は、顧問税理士に故意又は重過失がある場合には適用されないと判示した事例。

事　案

(1)　原告は、原告代表者が100％出資して平成27年2月16日に設立した、国内外の企業に対する経営コンサルティング事業、遊漁船の経営等を目的とする資本金300万円の株式会社である

(2)　原告と被告は、原告の開業に係る事業年度（第1期）である平成27年4月2日、原告に係る法人税及び消費税につき、税理士法2条1項の業務及び同条2項の付随業務に係る委嘱契約（以下「本件委嘱契約」といい、その締結時に作成した委嘱契約書を「本件委嘱契約書」という。）を締結した。

(3)　本件委嘱契約の報酬は、月次報酬として顧問報酬月額5万円、決算申告報酬として決算書類作成及び税務書類作成が月額顧問報酬の5か月分、消費税決算料が月額顧問報酬の1か月分とされた（いずれも消費税額は別）。

(4)　本件委嘱契約には、要旨、以下の定めがある。
　①　被告が委任業務を遂行するために必要な説明、原始資料（領収書、納品書、請求書、会計伝票等）、その他の資料は、原告がその責任と費用負担において被告に対して提供し、その不備により生じた障害については、原告の責任とする。
　②　税務申告に必要な資料は、被告が請求した場合には、原告は速やかに整

備・提出しなければならず、当該資料の提出が合理的な期間を経過した後に提出された場合、それに基づく不利益は、原告が負担する。
③　原告による資料提出の不足、資料の誤りによって原告が税務申告において何らかの損害を受けても、被告は責任を負わない。
④　被告は、委任業務の遂行に当たり、会計処理方法が複数存在し、いずれかの方法を選択する必要がある場合や、相対的な判断を行う必要がある場合は、原告に対して説明し、承諾を得なければならない。原告がその説明を受け承諾した場合は、当該事項について後に原告に生じた不利益について、被告は責任を負わない。
⑤　被告の過失が原因で生じた場合の損害賠償は、被告が受けた利益を限度とする（8条2項。以下「本件賠償額制限条項」という。）。
(5)　被告は、本件委嘱契約に基づき、原告の第1期から第4期までの確定申告を行った。
　もっとも、原告は、第1期及び第2期について、被告の指示に従い、免税事業者（消費税法9条1項）を選択したため、消費税等の確定申告はされていない。
(6)　また、原告は、第3期に対応する課税基準期間の課税売上高が1000万円を超えたため、第3期から課税事業者となったが、被告の指示に従い、簡易課税制度（消費税法37条1項）を選択し、税務署長に対し、消費税簡易課税制度選択届出書を提出した。
(7)　本件委嘱契約は、第5期の途中である平成31年1月末日をもって、原告からの解約により終了した。
(8)　原告とA社（A (Pte.) ベリーズ国に本店）とA (Inc.) シンガポール共和国に本店）とは、平成27年2月1日、コンサルタント業務委託契約（以下「本件業務委託契約」という。）を締結した。
(9)　原告代表者は、平成27年3月1日、マンションの一室（以下「本件事務所」という。）を、賃料月額21万9000円、駐車場代月額1万2000円、契約期間2年間（更新あり）の約定で賃借した。
(10)　原告は、①課税事業者を選択した方が原告に有利であったのに免税事業者としたこと及び②本則課税のままであった方が原告に有利であったのに簡易

課税事業者を選択したことにより、納付する必要のない消費税及び地方消費税（以下「消費税等」という。）を納めることになり、消費税等の還付を受けることができたのにこれを受けられなかったなどと主張して、被告に対し、民法（平成29年法律第44号による改正前のもの。以下同じ。）415条の債務不履行又は同法709条の不法行為に基づき、令和元年6月18日、被告に対し、損害賠償金の支払を催告した。

(11)　原告は、被告に対し、提訴し、損害賠償金として、605万3951円及びこれに対する商事法定利率年6分（平成29年法律第45号による削除前の商法514条所定の利率）の割合による遅延損害金の支払を求めた。

争　点

1　原告が「課税資産の譲渡等を行う事業者」に該当するか（この点に関し、被告は、原告とその取引相手が仮装行為を行う目的で設立された会社であり、両者間の資産の譲渡等は仮装行為にすぎない旨を主張する。）
2　原告が受託したコンサルタント業務（以下「本件コンサルタント業務」という。）が輸出免税取引に該当するか
3　被告の善管注意義務違反の有無
4　原告に生じた損害の有無及び額並びに因果関係の有無
5　本件賠償額制限条項の適用の有無

争点に対する被告（税理士）の主張

(1)　争点1　原告が「課税資産の譲渡等を行う事業者」に該当するか（この点に関し、被告は、原告とその取引相手が仮装行為を行う目的で設立された会社であり、両者間の資産の譲渡等は仮装行為にすぎない旨を主張する。）

　被告は、①仮装行為を行う目的で設立された会社同士で資産の譲渡等の形式がとられたとしても、仮装行為にすぎず、真実の資産の譲渡等はない、②本件業務委託契約は、〈ア〉薬事法違反の責めを免れ、法人税及び消費税の課税を免れるために締結された仮装行為であるから、民法94条1項により無

効である、〈イ〉脱法行為の手段として締結されたもので、公序良俗に反するものであるから、民法90条により無効である、〈ウ〉そのため、A社と原告との間には、課税資産の譲渡等はないと主張する。

　また、被告は、①原告及び原告代表者が、A（Inc.）の売上げとして管理されていた預金口座の残高について、タックス・ヘイブン税制による課税処分を税務署から受けたこと、②税務署は、法人税の修正申告に応じるならば原告の納付した消費税の還付を認めるという取扱いをしただけであることを理由に、原告が「課税資産の譲渡等を行う事業者」に該当しないと主張する。

(2)　争点2　原告が受託したコンサルタント業務が輸出免税取引に該当するか

　被告は、①a商品等の商品を国内で販売するために必要な業務の一切（個人輸入用のホームページの構築・メンテナンス、輸入代行業者との交渉等）は、国内で行うしかないものであるところ、A社はこれらをすべて原告（具体的には本件事務所）に代行してもらっており、その費用も国内で原告に立て替えてもらっていること、②A社の目的は、a商品を輸入できるようにするというより、国内で販売することにあるはずであり、原告の役務の提供の眼目もここにあることから、A社は、原告からa商品の国内販売に係る種々の役務の提供を本邦において直接受けていると主張する。

(3)　争点3　被告の善管注意義務違反の有無

　被告は、第1期及び第2期において、課税事業者を選択しなかったこと（免税事業者を選択したこと等）については、①税務調査において原告（本件事務所）がA社の支店と判断される可能性が高く、税務当局からそのような指摘を受けた場合にそれを覆すだけの説明ができないと判断したから、本件コンサルタント業務は輸出免税取引に該当しないというべきであり、②これが課税売上げに該当すると判断した場合には、売上高が仕入額を上回ることになるから、原告が免税事業者とすることが有利であると主張する。

　また、被告は、原告に対し、消費税等については課税事業者として申告する場合と免税事業者を選択する場合があること及びその利害得失について説明し、原告の承諾を得た上で免税事業者を選択したものであるから、本件委嘱契約書8条6項①・②より、免税事業者を選択したことによって原告に生じた損害について賠償責任を負わないと主張する。

さらに、被告は、仕入れと売上げが立つ以上、利益が発生すれば法人税が発生するため、立替払ではなく仕入れと売上げ（販売）の経理処理にした方が有利であるとは一概にはいえず、a商品等の容器等の輸出について、その経理処理を立替金から販売代金に変更することを指示すべき義務を負わない旨を主張する。

　次に、第3期及び第4期において、簡易課税事業者を選択したこと（本則課税事業者のままにしなかったこと）等については、被告は、①第2期の期間中である平成28年8月24日に行われた打合せにおいて、原告が、「商材の製造販売は海外と日本国内と多岐にわたり、感覚としては海外8割、国内2割である」、「時期によっても業務が違うため、毎月定額のコンサルタント収入を海外業務分と国内業務分とに区分することはできない」と述べたこと、②原告から提出された帳票類を見ても、国内でA社の経費が発生している以上、A社は国内で便益を受けていると判断せざるを得なかったこと、③被告は、原告に対し、海外においてのみA社が便益を受けているものを区別できないかと質問したが、原告は、区別できないという回答であったことから、被告は、従前どおり、本件コンサルタント業務については輸出免税取引ではなく課税取引とするしかないと判断し、第3期について簡易課税制度を選択したと主張する。

　次に、第5期において、本則課税事業者に戻さなかったこと（簡易課税事業者のままにしたこと）については、被告は、①第4期中に簡易課税不適用届出書を提出して第5期中に本則課税事業者に戻すことの合意をしていない、②仕入れ分と売上げの明細を明らかにしてもらわなければ簡易課税事業者と本則課税事業者のいずれである方が有利であるかを判断できないため、原告に対し、輸出取引になる売上げと仕入れに関する資料の提出を依頼したが、原告は、第4期の最終日である平成30年9月30日までに資料を提出しなかったため、上記判断をすることができないままになってしまった、③被告が請求書の品番等を見てもどれが容器等に該当するかの判断はできないし、原告は、被告に対し、当初から立替払処理であると説明していたことから、請求書のどの金額が容器等に該当するかの確認までは不可能であると主張する。

(4) 争点4　原告に生じた損害の有無及び額並びに因果関係の有無

　被告は、原告主張の損害は、①原告が租税回避の意図を隠し、事実と異なること（A社がa商品の製造販売を行っていること）を告げたことに起因するものである、②第1期及び第2期の経理処理に関し、被告が何度確認をしても仕入れがないという原告の発言に起因するものであるから、損害賠償義務を負担しないと主張する。

(5) 争点5　本件賠償額制限条項の適用の有無

　被告は、被告が付保する賠償責任保険では、被保険者（被告）に重大な過失がある場合には保険金が支払われない可能性があることを理由に、本件賠償額制限条項は被告に故意又は重大な過失がある場合でも適用されるべきであると主張する。

　そもそも、被告が付保する賠償責任保険の約款によれば、保険契約者又は被保険者の故意によって生じた損害については、保険金を支払わない旨の定めはあるが、重大な過失がある場合に保険金を支払わない旨の定めはない（保険法17条2項参照）。

判　決

1　争点1（原告が「課税資産の譲渡等を行う事業者」に該当するか）について

　消費税等の課税対象となる「資産の譲渡等」とは、事業として対価を得て行われる資産の譲渡及び貸付け並びに役務の提供をいう（消費税法2条1項8号）。

　原告は、①平成27年2月に設立され、②同月に設立されたA（Inc.）との間で、本件業務委託契約を締結して、A社が行うa商品やb商品の販売事業に係るコンサルタント業務等（a商品の容器等の輸出業務を含む。）を行い、A（Inc.）からこれに対する報酬等を得たものである。原告は、被告の指示により、第1期及び第2期においては消費税等の申告をしなかったものの、現に第3期及び第4期においては上記の業務に関して消費税等の申告及び納付を行ったものである。

　したがって、原告が上記のように事業として対価を得て行った役務の提供

は、実体を伴うものであり、原告は、「資産の譲渡等」を行っているものといえるから、「課税資産の譲渡等を行う事業者」に該当する。

2　争点2（原告が受託したコンサルタント業務が輸出免税取引に該当するか）について

　原告がA社に対して行った本件コンサルタント業務という役務の提供が「非居住者」に対して行われる役務の提供に該当するか否か、具体的には、A社が本邦内に「主たる事務所」又は「支店、出張所その他の事務所」を有する法人であるか否かについてみると、前提事実及び認定事実によれば、以下の点を指摘することができる。

① A社は、国外（ベリーズ国又はシンガポール）に本店を置く会社であり、国内において、外国会社の登記（支店登記、代表者登記）もしてない。

② A社と原告は、本店所在地のほか、出資者や代表者も異なっている。

③ A社は、原告との間で本件業務委託契約を締結し、原告が本件コンサルタント業務を行ったことに対し、その報酬等を支払っていた。

④ 本件事務所は、原告代表者が原告自身の業務（本件コンサルタント業務）を行うために賃借したものであり、その賃料も原告が支払っていた。A社は、原告に対し、本件業務委託契約に基づき、本件コンサルタント業務を遂行するために必要な事務所経費として、本件事務所の賃料を支払っていたにとどまる。

　上記①〜④の点に照らすと、原告とA社は、形式的にも実質的にも独立した別個の法人格であり、原告又は本件事務所がA社の「主たる事務所」又は「支店、出張所その他の事務所」に該当するとはいえない。

　したがって、A社は「非居住者」に該当し、原告がA社に対して行った本件コンサルタント業務という役務の提供は、消費税法施行令17条2項7号柱書にいう「非居住者に対して行われる役務の提供」に該当する。

　原告がA社に対して行った本件コンサルタント業務という役務の提供は、「国内に所在する資産に係る運送又は保管」又は「国内における飲食又は宿泊」に該当しないことが明らかであるため、「これらに準ずるもので、国内において直接便益を享受するもの（消費税施行令17条2項7号ハ）」に該当するか否かをみるに、認定事実に照らせば、以下の点を指摘することができる。

① 本件コンサルタント業務は、原告が、国外においてa商品の製造販売事業を行うA社から受託したものであり、このようなA社が国外で行う上記事業に資するものである。

② このことは、〈ア〉A社が行うa商品の製造販売事業が、米国に設置したサーバーのウェブサイトで我が国の個人顧客を勧誘し、インドの製薬会社が製造したa商品を我が国の並行輸入代行会社やシンガポールの倉庫会社を通じて我が国の個人顧客に輸出するという形態のものであり、〈イ〉原告は、本件コンサルタント業務の一環として、a商品の保管を受託しているシンガポールの倉庫会社の在庫状況を見据えながら、インドの製薬会社に対してa商品の製造指示を出していることからも裏付けられる。

③ A社は、国内に支店等を有していたとは評価することができないから、本件コンサルタント業務の履行をもって、A社が国内において直接便益を享受するとはいい難い。

上記①～③の点に照らすと、原告がA社に対して行った本件コンサルタント業務という役務の提供は、「これらに準ずるもので、国内において直接便益を享受するもの（消費税施行令17条2項7号ハ）」に該当するとはいえない。

3 争点3（被告の善管注意義務違反の有無）について

㋐ 第1期及び第2期において、課税事業者を選択しなかったこと（免税事業者を選択したこと等）について

原告の顧問税理士である被告は、本件委嘱契約に基づく善管注意義務の一環として、第1期及び第2期において、原告に対し、①免税事業者ではなく課税事業者を選択することを指示し、②a商品等の容器等の輸出について、その経理処理を立替金から販売代金に変更することを指示すべき義務を負っていたにもかかわらず、これを怠り、①事実関係等についての更なる詳細な調査等を行わないまま、原告が免税事業者を選択すべきとの合理性を欠く判断に基づき、漫然と原告に対して免税事業者の選択を指示し、かつ、②a商品等の容器等の輸出について上記のような経理処理の変更を指示しないままこれを放置し、よって、原告をして免税事業者として消費税等の申告をさせず、かつ、原告に消費税等の還付を受けさせなかったものであるから、善管注意義務に違反するというべきである。

(イ) 第3期及び第4期において、簡易課税事業者を選択したこと（本則課税事業者のままにしなかったこと）等について

　原告の顧問税理士である被告は、本件委嘱契約に基づく善管注意義務の一環として、第3期において、原告に対し、①簡易課税事業者ではなく本則課税事業者を選択することを指示し、②ａ商品等の容器等の輸出について、その経理処理を立替金から販売代金に変更することを指示すべき義務を負っていたにもかかわらず、これを怠り、①原告が簡易課税事業者を選択すべきとの合理性を欠く判断に基づき、漫然と原告に対して簡易課税事業者の選択を指示し、被告において、税務署長に対し、原告の消費税簡易課税制度選択届出書を提出し、かつ、②ａ商品等の容器等の輸出について上記のような経理処理の変更を指示しないままこれを放置し、よって、第3期及び第4期において、原告をして、簡易課税制度の適用を前提とした消費税等を納付させ、かつ、消費税等の還付を受けさせなかったものであるから、善管注意義務に違反するというべきである。

(ウ) 第5期において、本則課税事業者に戻さなかったこと（簡易課税事業者のままにしたこと）について

　原告の顧問税理士である被告は、遅くとも平成30年6月1日の時点で、本件委嘱契約に基づく善管注意義務の一環として、原告が本則課税事業者と簡易課税事業者のいずれである方が有利であるかを検討し、本則課税事業者である方が有利であれば、第4期中に簡易課税不適用届出書を提出して、第5期中に本則課税事業者に戻す義務を負っていたにもかかわらず、これを怠り、第4期の期末（平成30年9月末日）までに簡易課税不適用届書を提出せず、第5期も原告を簡易課税事業者のままにし、よって、第5期において、原告をして、簡易課税制度の適用を前提とした消費税等を納付させ、かつ、消費税等の還付を受けさせなかったものであるから、善管注意義務に違反するというべきである。

4 争点4（原告に生じた損害の有無及び額並びに因果関係の有無）について

　原告は、本件委嘱契約締結時、被告に対し、本件業務委託契約等のスキームを正しく説明していたものであり、原告が租税回避の意図を有していたと認めるに足りる的確な証拠はない。

被告は、税務の専門家として原告との間で本件委嘱契約を締結した以上、第1期及び第2期において、原告から受けた説明や毎月原告から送付される関係証憑から、原告の業務のうち、〈ア〉遊漁船業、〈イ〉b商品の製造販売業に関するコンサルタント業務並びに〈ウ〉a商品の国外生産業及び国外から国内への販売業に関するコンサルタント業務については、これらの売上高に係る消費税等の額よりも、仕入高（間接経費）に係る消費税等の額の方が多額であったことを認識することができ、それを踏まえた税制選択を指示すべきであったといわざるを得ない。そうすると、仮に、原告が被告に対して仕入れがない旨の説明をしていたとしても、被告の善管注意義務違反と原告の損害との間の因果関係が否定されるものではない。

5 争点5（本件賠償額制限条項の適用の有無）について

(ア) 判断枠組み

　本件賠償額制限条項（本件委嘱契約8条2項）は、被告の過失が原因で生じた原告の損害について、被告が受けた利益を限度で賠償すれば足りるとするものである。税理士は、税務に関する法令及び実務の専門知識を駆使し、かつ、依頼者からの事情聴取、適正な調査等を行うなどして、税制の有利選択の判断に必要な程度まで事実関係を把握し、税理士業務を行うものであるが、本件賠償額制限条項は、本件委嘱契約に基づく委任業務を遂行するに当たり、会計処理方法が複数存在し、そのいずれかの方法を選択しなければならない場合や、原告の提供した説明又は資料に基づき税制選択をしなければならない場合があり得ることから、被告が職務上予測されるあらゆる場面に応じた注意を払うことを期待するのが酷であり、かつ、時として損害賠償額が巨額に上ることがあり得ること等を考慮して設けられたものと解される。このような本件賠償額制限条項の趣旨に鑑みても、被告に故意又は重大な過失がある場合に、本件賠償額制限条項により、被告の損害賠償義務の範囲が制限されるとすることは、著しく衡平を害するものであって、本件委嘱契約を締結した当事者の通常の意思に合致しないというべきである。

　したがって、本件賠償額制限条項は、被告に故意又は重大な過失がある場合には適用されないと解するのが相当である。

(イ) 当てはめ

①被告が、原告の第1期及び第2期において、税務調査において原告(本件事務所)がA社の支店と判断される可能性が高く、税務当局からそのような指摘を受けた場合にそれを覆すだけの説明ができないと判断し、原告に対し、免税事業者を選択すべきことを指示したことに関しては、原告代表者がA (Inc.)の持分の半数を有していること、A (Pte.)はA (Inc.)の100％子会社であること、A社が本件事務所の賃料を含む経費を実質的には全額負担していること等、被告の上記判断の根拠とした事実も認められる。これらの事実をも併せ考慮すれば、被告の上記判断は、事実上又は法律上の基礎を全く欠いているものとまではいえず、通常あり得る程度の税制選択上の過誤にとどまるというべきである。

②被告が、原告に対し、原告の第1期～第4期において、a商品の容器等の輸出について、その経理処理を立替金から販売代金に変更することを指示しないままこれを放置したことに関しては、そもそも原告がa商品の容器等の輸出を立替金の方式で処理しており、その経理処理を変更するには原告とA社との間の合意が必要であったこと、被告が原告からこの経理処理の当否に関する相談を受けたわけでもないこと等の事実に照らすと、被告の上記対応も、通常あり得る程度の会計処理上の過誤にとどまるというべきである。

③被告が、第3期において、本件コンサルタント業務の提供はその全部が輸出免税取引に該当しない（課税取引に該当する）と判断し、原告に対し、簡易課税制度を選択することを指示したことに関しても、前記①のような被告の上記判断の根拠とした事実も認められる。これらの事実をも併せ考慮すれば、被告の上記判断は、事実上又は法律上の基礎を全く欠いているものとまではいえず、通常あり得る程度の税制選択上の過誤にとどまるというべきである。

④被告が、第4期の期末（平成30年9月末日）までに簡易課税不適用届出書を提出せず、第5期も原告を簡易課税事業者のままにしたことに関しては、遅くとも平成30年6月1日の時点で、原告代表者との間で、原告が本則課税事業者と簡易課税事業者のいずれである方が有利であるかを検討

し、本則課税事業者である方が有利であれば、第4期中に簡易課税不適用届出書を提出して、第5期中に本則課税事業者に戻すことを明示的に約したにもかかわらず、その検討を怠ったことによるものであることが認められる。そうすると、この点に関する被告の善管注意義務違反は、被告がほとんど故意に近い著しい注意欠如の状態で行われたものといわざるを得ない。

⑤以上の諸点に照らすと、④の善管注意義務違反〔第5期までに原告を簡易課税事業者から本則課税事業者に戻さなかったこと。〕については、被告に重大な過失があるというべきであるが、①～③の善管注意義務違反については、被告に重大な過失があるとはいえない。

解　説

1　事案の概要

本件は、顧問税理士に消費税等の有利選択等について、顧問税理士が誤った助言をしたことによって原告が損害を被ったことについて、顧問契約書において賠償額制限条項が定められていたことから、本件において、賠償額制限条項の適用があるか、また、顧問税理士の善管注意義務が過失か重過失かが争われた事案である。

2　本件における争点

本件における争点は、以下のとおりである。
1　原告が「課税資産の譲渡等を行う事業者」に該当するか（争点1）
2　原告が受託したコンサルタント業務が輸出免税取引に該当するか（争点2）
3　被告の善管注意義務違反の有無（争点3）
4　原告に生じた損害の有無及び額並びに因果関係の有無（争点4）
5　本件賠償額制限条項の適用の有無（争点5）

争点1について、裁判所は、事実認定により原告の役務提供が実体のあるものであり、原告を課税資産の譲渡等を行う事業者に該当すると認定した上で、被告が、原告とその取引相手が仮装行為を行う目的で設立された会社であり、両者間の資産の譲渡等は仮装行為にすぎない旨の主張を排斥した。

争点2について、裁判所は、以下の2点について判断している。

① 原告がA社に対して行った本件コンサルタント業務という役務の提供が「非居住者」に対して行われる役務の提供に該当するか否か、具体的には、A社が本邦内に「主たる事務所」又は「支店、出張所その他の事務所」を有する法人であるか否か。

② 原告がA社に対して行った本件コンサルタント業務という役務の提供は、「国内に所在する資産に係る運送又は保管」又は「国内における飲食又は宿泊」に該当しないことが明らかであるため、「これらに準ずるもので、国内において直接便益を享受するもの（消費税施行令17条2項7号ハ）」に該当するか否か。

裁判所は、①の点について、A社は、形式的にも実質的にも独立した別個の法人格であり、原告又は本件事務所がA社の「主たる事務所」又は「支店、出張所その他の事務所」に該当するとはいえないとし、②の点については、A社が国内に支店等を有していたとは評価することができないから、本件コンサルタント業務の履行をもって、A社が国内において直接便益を享受するとはいい難いとして、原告がA社に対して行った本件コンサルタント業務という役務の提供は、「これらに準ずるもので、国内において直接便益を享受するもの（消費税施行令17条2項7号ハ）」に該当するとはいえないとした。

裁判所は、争点3について、（あ）第1期及び第2期において、課税事業者を選択しなかったこと（免税事業者を選択したこと等）、（い）第3期及び第4期において、簡易課税事業者を選択したこと（本則課税事業者のままにしなかったこと）、（う）第5期において、本則課税事業者に戻さなかったこと（簡易課税事業者のままにしたこと）の全てについて、被告の善管注意義務違反を認めた。

争点4について、裁判所は、これまでの判示を前提に、特に理由を示すことなく認めた。

争点5について、本件においては、賠償額制限条項は、被告に故意又は重過

失がある場合には適用されないとの法解釈を行った上で、被告の各善管注意義務違反について、重過失の有無を認定した。

3　賠償額制限条項の適用の有無について

　本件における原告と被告との委嘱契約書には、8条2項において、被告の過失が原因で生じた場合の損害賠償は、被告が受けた利益を限度とする旨の賠償額制限条項が定められていた。

　裁判所は、この賠償額制限条項の趣旨について、本件委嘱契約に基づく委任業務を遂行するに当たり、会計処理方法が複数存在し、そのいずれかの方法を選択しなければならない場合や、原告の提供した説明又は資料に基づき税制選択をしなければならない場合があり得ることから、被告が職務上予測されるあらゆる場面に応じた注意を払うことを期待するのは酷であり、かつ、時として損害賠償額が巨額に上ることがあり得ること等を考慮して設けられたものと解した。裁判所は、この賠償額制限条項の趣旨から、被告に故意又は重大な過失がある場合に、本件賠償額制限条項により、被告の損害賠償義務の範囲が制限されるとすることは、著しく衡平を害するものであって、本件委嘱契約を締結した当事者の通常の意思に合致しないとして、本件賠償額制限条項は、被告に故意又は重大な過失がある場合には適用されないと解するのが相当であるとした。

　税理士と顧客との委任契約において、本件のような賠償額制限条項について、本判決のように、被告に故意又は重大な過失がある場合には適用されないと判示したのは、本判決が最初であると思われる。

　この賠償額制限条項が故意又は重過失の場合にも適用されるのか否かについては、システム開発契約などにおいて、争われてきた。システム開発契約は、請負契約と認定される場合と準委任契約と認定される場合があるが、かかる契約書には、損害賠償の上限条項が記載されることが多く見られ、裁判所において、損害賠償の上限条項の有効性が争われた事例がいくつもある。

　東京地裁平成26年1月23日判決（判例時報2221号71頁）は、本件のように、損害賠償の上限条項は、「権利・法益侵害の結果について故意を有する場合や

重過失がある場合（その結果について予見が可能かつ容易であるといった故意に準ずる場合）にまで同条項によってYの損害賠償義務の範囲が制限されるとすることは、著しく衡平を害するものであって、当事者の通常の意思に合致しないというべき」である。したがって、損害賠償の上限条項は、「Yに故意又は重過失がある場合には、適用されない」と判示した。

したがって、税理士の委任契約においても、本件のように賠償額制限条項について故意又は重過失がある場合には適用されないと判断される事例が出てくることは予想され、著者も指摘してきたところである（「税務のわかる弁護士が教える税理士損害賠償請求の防ぎ方」(2018年4月23日刊、谷原誠著、ぎょうせい)）。

今後、賠償額制限条項に関する判断として予想されるのは、賠償額を制限する上限金額を引き上げる判決である。東京地裁平成16年4月26日判決は、開発業務等委託契約に基づき、リース管理システムを構築する等の業務を委託したところ、業者が、従前のシステムプログラムを消失させたこと等の債務不履行を理由に損害賠償を求めた事案において、「損害賠償の上限を、追加部分さえ含まない本件契約における委託金額の500万円とすることは、信義公平の原則に反するというべきである。よって、本件特約については、Yが作成しようとしていたシステムの出来高を上限とし、また、Yは、Xの間接的・派生的な損害については、一切の責任を負わないという限度で有効と解すべきである。」と判示した。

したがって、税理士の契約書の場合にも、損害賠償義務を全て免除したり、賠償金の上限を低すぎる金額にする場合には、無効、あるいは低すぎると判断される可能性がある。

4　回避ポイント

本件裁判例は、①税理士に善管注意義務違反があるかどうか、②税理士と顧客との契約書に損害賠償額の上限額を制限する条項がある場合に、その条項は有効かどうか、③税理士の善管注意義務がある場合において、その注意義務違反は過失に基づくものか、重過失に基づくものか、に関して判断されたものである。

本件で、税理士は、顧客が行った誤った経理処理について、その過誤を知り得たにも関わらず経理処理の変更を助言せずに税務申告書を作成した点などに善管注意義務違反を認めた。税務処理をするためには、法律解釈をし、事実認定をして、その認定した事実を法規範にあてはめて結論を出す必要があるが、本件では、事実認定について誤りがあったために損害賠償責任が生じたものである。

　ただし、事実認定が誤っていたからといって、必ず税理士に善管注意義務違反があるとされるわけではない。神戸地裁平成14年6月18日判決（TAINS Z999-0052）は、相続税申告業務において、財産評価基本通達24「私道の用に供されている宅地の価額は・・・によって評価する。この場合において、その私道が不特定多数の者の通行の用に供されているときは、その私道の価額は評価しない。」に関し、相続財産には、私道が含まれていたが、不特定多数の者の通行の用に供されているとは判断せずに相続税申告書を作成、提出したところ、実際には不特定多数の者の通行の用に供されていたという事案に関し、私道部分全体が車庫の専用通路と判断したとしても、その判断が不合理であるということはできないとして、税理士の損害賠償責任を否定した。

　つまり、税理士の事実認定に関する善管注意義務は結果責任ではなく、①税理士がいかなる調査をしたか、②いかなる資料に基づいて検討したか、③どのように判断したか、が問われるということになる。そして、裁判では、証拠に基づき判断されることになるから、その判断過程を証拠に残しておくことも重要である。

　次に、本件では、賠償額制限条項の適用を一部排除しているが、契約書に定めておけばその条項が必ず適用されるわけではない、という点に注意が必要である。「税理士は、税務に関する専門家として、納税義務者の信頼にこたえ、納税義務の適正な実現を図ることを使命とする専門職であり（税理士法１条参照）、納税者から税務申告の代行等を委任されたときは、委任契約に基づく善管注意義務として、委任の趣旨に従い、専門家としての高度の注意をもって委任事務を処理する義務を負うものと解される。」（東京地裁平成22年12月8日判決（判例タイムズ1377号123頁））とされているので、契約書の定めにかかわらず、注意深く業務を処理する必要がある。

住宅ローンに係る誤った助言による損害賠償請求
（税理士敗訴）

東京地裁令和4年5月16日判決（D1-law.com　29070968）

　原告が、新居の購入に当たり、税理士から、過去の所得税等の確定申告について修正申告をすれば、新居の購入のための住宅ローンに係る特別控除の適用を受けることができる旨の誤った助言を受けたことにより損害を被ったとして、税理士が損害賠償請求をした事例。

事　案

(1)　原告は、弁護士である。原告が勤務する法律事務所は、東京及び大阪に事務所を有している。

　A税理士は、令和2年1月23日に死亡した。被告Y1はA税理士の夫であり、被告Y2はA税理士の子である。

　原告は、平成29年12月頃、A税理士との間で、平成29年分以降の所得税等に係る確定申告業務を年間10万円の費用で継続的に委任する旨の委任契約を締結した。

　原告は、仕事の拠点が大阪から東京に移ることから、平成29年9月20日、当時大阪に自宅として所有していたマンションの一室（以下、単に「自宅」という。）を、購入価額を上回る金額で第三者に売却し、平成30年1月30日に買主への引渡しを行ったところ、同売却に係る譲渡所得について、売買契約の効力発生の日の属する平成29年分の所得としてではなく、物件を引き渡した日の属する平成30年分の所得として確定申告をし、上記譲渡所得全額の1366万3371円について、居住用財産を譲渡した場合の3000万円の特別控除の特例（租税特別措置法35条等。以下「売却時控除」という。）の適用を受けた。

(2)　原告が、令和元年10月29日、A税理士に対し、新居の購入を検討するに

当たり、住宅ローン控除の適用を受けることが可能か（前記の売却時控除との併用の可否）といった税務上の疑問点についてメールで問合せをしたところ、A税理士は、翌30日、原告に対し、要旨、〈1〉売却時控除の適用を受けた年から2年以内に新居の引渡しを受ける場合には住宅ローン控除の適用は受けられない、〈2〉原告は自宅の売却に係る譲渡所得について平成30年分の所得として売却時控除の適用を受けているものの、同譲渡所得については平成29年分の所得としても申告が可能であったため、平成30年分の所得としてした税務申告を平成29年分の所得として申告し直すこと（以下「本件修正申告」という。）が可能である、〈3〉本件修正申告をすることにより、令和2年に新居の引渡しを受けるのであれば、住宅ローン控除と売却時控除の両方の適用を受けることができると回答した（以下、この回答を「本件助言」という。）。

(3) 原告は、令和元年11月8日、A税理士との間で、本件修正申告に係る申告業務を報酬3万円で委任する旨の委任契約（以下「本件契約」という。）を締結した。

A税理士は、令和元年11月11日、B税務署に対し、原告の平成29年分の所得及び平成30年分の所得の各確定申告について、自宅の売却に係る譲渡所得の申告及び売却時控除の適用申請を平成30年分の所得としては行わず、平成29年分の所得として確定申告をする旨の申告（本件修正申告）をした。

(4) 原告は、令和元年11月13日、S社に手付金として513万円を支払った上で、同月16日、S社から、肩書地所在の土地付き建物（以下「本件物件」という。）を代金1億0636万円（うち建物価格（税抜き）は3567万円）で購入した。原告は、本件物件の代金のうち自己資金1006万円を除いた9630万円について住宅ローン（月々の返済額を約26万円とするもの。以下「本件住宅ローン」という。）を利用した。

(5) B税務署は、令和元年11月20日、A税理士に対し、国税通則法19条1項各号所定の修正申告の要件（確定申告書に記載した税額に不足額があること等）を満たしていないため、本件修正申告は認められないとの判断をした旨を伝えた。

A税理士は、令和元年11月22日、原告に対し、B税務署から本件修正申告

は受理できないと告げられた旨をメールで連絡した。

原告は、本件修正申告が認められなかったため、本件住宅ローンに係る住宅ローン控除の適用を受けることができなかった。

(6) 原告は、A税理士に対し、損害賠償請求をした。

争　点

1　A税理士の本件契約に係る債務不履行責任の有無
2　原告の損害の有無及び額並びに相当因果関係の有無
3　過失相殺の可否

争点に対する双方の主張

1　A税理士の本件契約に係る債務不履行責任の有無

原告の主張	被告らの主張
A税理士は、税務の専門家として高度の注意義務を負っているところ、本件契約の締結経緯に照らせば、本件契約に基づく税務申告業務（本件修正申告）を行うに当たり、〈1〉本件修正申告が認められない可能性に備え、本件物件の購入を本件修正申告の受理まで待つべきことを原告に助言するか、〈2〉本件契約締結後、直ちに法令・通達等を調査し、又は管轄の税務署に問い合わせた上で、本件修正申告が認められるか否かについて確認し、その結果を原告に対して報告する義務を負っていた。それにもかかわらず、A税理士は、原告に何の注意喚	原告においてA税理士に不履行があったと主張する債務は、いずれも本件契約の内容に含まれるものではない。すなわち、〈1〉本件修正申告が認められない可能性に備えて本件物件の購入を待つか否かは原告自身が判断すべき事柄であって、あえてA税理士が助言するほどのことではないし、〈2〉そもそも本件契約は本件修正申告に係る申告業務についての委任契約であるから、本件契約に係る債務は本件修正申告に係る申告業務をすること自体であって、A税理士は、原告が主張するような確認、調査をする義務を負っていない。

起もせず、また、法令・通達等を誤認して本件修正申告が認められると考えたまま、上記義務を尽くすことなく漫然と本件修正申告をし、税務署からの連絡を受けてから、原告に対し、本件修正申告が受理されなかった旨の連絡をしてきたものである。

　そのため、原告は、本件修正申告が認められなかったという連絡を受けるよりも前に本件物件を購入してしまい、本件住宅ローンに係る住宅ローン控除の適用を受けることができなかった。

　そのため、A税理士がした本件助言に何らかの問題があったとしても、そのことを理由に本件助言の後に締結された本件契約に係る債務不履行責任を問うことはできない。

2　原告の損害の有無及び額並びに相当因果関係の有無

原告の主張	被告らの主張
原告は、本件契約の締結後直ちに本件修正申告が認められない旨の連絡を受けていれば、住宅ローン控除の適用を受けられるように、令和2年に引渡しを受けるとの条件で新居を購入することは見送り、令和3年に引渡しを受けるとの条件で、令和2年11月末までに本件物件と同等の土地付き建物を購入していたはずであった。この場合、原告は、令和3年以降、13年間にわたり、住宅ローン控除の適用を受けることができたところ、同等物件（最安値で代金9160万円）を購入するに当たり、自己資金1006万円（本件物件の購入時と同じ金額）を除いた8154万円について住宅ローンを利用していた。	ア　原告は、令和2年1月に入居できる物件を購入する意向を示していたのであるから、A税理士から本件修正申告が認められない旨の連絡を受けていたとしても、令和元年中に本件物件を購入することを見送り、住宅ローン控除の適用を受けられる条件で、翌令和2年に同等物件を購入することとしたとはいえない。 　したがって、原告は、当初から検討していた物件の取得に係る税金を正しく納付することになったにすぎず、原告に損害はない。 イ　また、前記アのとおり、原告は、A税理士に対し、令和2年1月に入居で

そして、上記住宅ローン控除の適用を受ける13年間に、原告の各年の所得金額が認定長期優良住宅の取得に係る住宅ローン控除の限度額（50万円）を下回るおそれはない。

そうすると、上記住宅ローンに係る住宅ローン控除額は、最も控え目な算定方法（11年目から13年目までの3年の延長期間における住宅ローン控除の限度額は、〈1〉住宅ローンの年末残高等（上限5000万円）の1％、〈2〉住宅取得等対価の額から消費税額を控除した金額（上限5000万円）の2％を3で除した金額のいずれか少ない額とされているため、同等物件のうち建物の価格（住宅取得等対価の額から消費税額を控除した金額）を同等物件の代金（上記最安値である9160万円）の35％（本件物件と同様の割合）に当たる3206万円であるとして住宅ローン控除額を算定する方法）によったとしても、以下の計算式により合計564万1199円となる。

（計算式）
〈1〉1年目から10年目まで
　500,000円（控除限度額）×10年間＝5,000,000円
〈2〉11年目から13年目まで
　（32,060,000円×2％÷3）×3年間
　＝641,199円
〈3〉合計
　5,000,000円＋641,199円＝5,641,199

きる物件を購入する意向を示していたのであるから、A税理士としては、原告が、A税理士から本件修正申告が認められない旨の連絡を受けていれば、令和元年中に本件物件を購入することを見送り、住宅ローン控除の適用を受けられる条件で、翌令和2年に同等物件を購入することとしたことを予見することはできなかった。

したがって、仮に原告に損害が生じていたとしても、その損害は、原告の主張のA税理士の本件契約に係る債務不履行と相当因果関係がない。

円

　そして、上記住宅ローン控除額相当の損害は、令和3年12月末日以降、13年間にわたって毎年発生するものであるから、中間利息5％を控除（各年に受けられる住宅ローン控除額に令和元年11月（債務不履行時）からの経過年数に係るライプニッツ係数（現価）を乗じる方法による。）すると、その合計額は401万7328円となる。

　したがって、原告の損害は、401万7328円である。

3　過失相殺の可否

原告の主張	被告らの主張
原告は弁護士であるものの、税務はなじみの薄い分野であって、税務の専門家であるA税理士の本件助言を信頼して本件物件を購入したものであるから過失はなく、損害の公平な分担の観点からも、過失相殺をすることは不相当である。 　また、被告らにおいて、A税理士が原告に対して誤った内容の本件助言をしたことを省みることなく原告の過失を指摘し、過失相殺の主張をすることは、信義則に照らして許されない。	原告は、A税理士に対し、別途調査費用を払うことも、事情を十分に説明することもなく、本件物件を購入するに当たっての住宅ローン控除の適用の可否をメールで尋ねたのみであり、かつ、本件修正申告が認められるのを待つこともせずに本件物件を購入しているのであって、このような原告の本件物件の購入までの経過に照らせば、原告については過失相殺がされるべきである。

判　決

1　争点1（A税理士の本件契約に係る債務不履行責任の有無）について

(1) 税理士は、税務に関する専門家として、独立した公正な立場において、申告納税制度の理念に沿って、納税義務者の信頼に応え、租税に関する法令に規定された納税義務の適正な実現を図ることを使命とするところ（税理士法1条）、税理士のこのような職責や業務の内容、性質を踏まえると、納税義務者から委任を受けて税務申告をするに当たっては、単に一定の申告業務をするにとどまらず、納税義務の適正な実現に向けて、その申告業務が関係法令等に適合するものであるか否かを十分に確認、調査すべき義務を負っていると解される。

(2) 本件契約の目的である本件修正申告は、原告が令和元年に購入して令和2年に入居する新居の購入に際して利用する住宅ローンに係る住宅ローン控除の適用を受けられるようにするためにA税理士から提案されたものであったが、それ自体、国税通則法上の修正申告の要件を欠くものであった。

A税理士は、令和元年に購入して令和2年に入居する新居について住宅ローン控除の適用を受けることができるかとの原告からの問合せに対して本件助言をし、また、原告が、本件助言のとおりの修正申告（本件修正申告）をすることによって住宅ローン控除満額の適用を受けることができるかを改めて確認した際も、A税理士は、本件修正申告をすることにより、売却時控除と住宅ローン控除の両方の適用を受けられる旨回答しているところ、原告は、A税理士のこのような対応を受けて、令和元年に購入して令和2年に入居する新居の購入に際して利用する住宅ローンに係る住宅ローン控除の適用を受けることを企図して、本件契約を締結したことが認められる。

そして、上記の事実経過によれば、A税理士においても、本件契約の締結に当たり、原告が、令和元年に購入して令和2年に入居する新居について、住宅ローン控除満額の適用を受けることを企図しており、そのことが原告において本件契約を締結する主な動機となっていることを認識していたと認められる。

(3) そうすると、A税理士は、原告に対し、税理士として負う本件契約に係る債務（善管注意義務）として、単に本件修正申告に係る申告業務をす

るという義務にとどまらず、遅くとも本件修正申告をするまでに、原告の企図するところを踏まえつつ適正な申告業務を実現するために、原告が令和元年に購入して令和2年に入居する新居の購入に際して利用する住宅ローンに係る住宅ローン控除の適用を受けられるか否か、すなわち、国税通則法上の要件等に照らし、自ら本件助言で提案した住宅ローン控除を受けるためにする本件修正申告が認められるものか否かについて確認、調査する義務を負っていたというべきである。A税理士の債務は本件修正申告に係る申告業務をすること自体であり、それを超えて本件修正申告が認められるか否かについてまで調査、確認する義務はないとする被告らの主張は、採用することができない。

それにもかかわらず、A税理士は、修正申告に係る要件を規定した基本的な法令等を確認、調査することなく漫然と本件修正申告をし、もって上記義務に違反し、その結果、本件助言により、本件修正申告が認められるものと信じていた原告は、B税務署が本件修正申告を受理しないことを明らかにするよりも前に、本件物件を購入するに至ったものである。

(4) したがって、A税理士について本件契約に係る債務不履行に基づく損害賠償責任が認められる。

2 争点2 (原告の損害の有無及び額並びに相当因果関係の有無) について
(1) 原告は、本件物件を購入するに当たり、住宅ローン控除満額の適用を受けられることを重視していたと認められるところ、原告のこのような意向と認定事実を併せて考慮すれば、A税理士の本件契約に係る債務不履行がなければ、原告において、住宅ローン控除満額の適用を受けるため、本件物件の購入を見送った上で、遅くとも令和3年12月末までに入居するとの条件で同等物件を購入したと認めるのが相当である。

また、原告が同等物件を購入後すぐに手放したり、原告の収入が大きく減少したりすることをうかがわせる事情が見当たらない以上、原告において、同等物件を継続保有し、かつ、住宅ローン控除満額の適用を継続して受けられるだけの収入が維持されることが見込まれるものと認めるのが相当である。

したがって、原告には、同等物件を購入する際に利用したはずの住宅ロー

ンに係る住宅ローン控除額相当の損害が生じたものと認められる。
(2) A税理士は、原告とのやり取りを通じて、原告が、本件物件を購入するに当たり、住宅ローン控除満額の適用を受けることを企図しており、住宅ローン控除満額の適用を受けることを主たる動機として本件契約を締結していることを認識していたものであるところ、同事実によれば、A税理士は、原告において、本件修正申告が認められず、令和元年に購入して令和2年に入居する新居の購入に際して利用する住宅ローンに係る住宅ローン控除の適用を受けられなかった場合には、住宅ローン控除満額の適用を受けるため、本件物件の購入を見送った上で、遅くとも令和3年12月末までに入居するとの条件で新居を購入したことを予見することができたと認められる。また、原告が住宅ローンを利用して購入した新居をすぐに手放したり、原告の収入が大きく減少したりすることをうかがわせる事情が見当たらないことについては、説示したとおりである。

そして、税務申告業務に係る税理士に対する信頼や本件修正申告がされるに至った経緯に照らすと、A税理士においては、本件修正申告をした旨を原告に連絡した場合、原告が直ちに本件物件の購入に向けて動く可能性があることも十分予見することができたものと認めるのが相当である。

(3) 他方において、原告が、本件契約の締結の前後を通じ、A税理士に対し、具体的にどのような物件をいくらで購入する予定であるとか、また、いくらの自己資金を確保しており、いくら住宅ローンを利用する予定であるといった具体的事情を明らかにしていたことを認めるに足りる証拠はない。

(4) 令和元年11月に生じたA税理士の本件契約に係る債務不履行と相当因果関係のある上記住宅ローン控除額相当の損害は、令和3年12月末日以降、10年間にわたって毎年40万円ずつ発生するものに限られることになるところ、中間利息5％を控除すると、以下の計算式により、294万1600円となる。

(計算式)

400,000円×（8.3064〔11年のライプニッツ係数（年金現価）〕－0.9524〔1年のライプニッツ係数（年金現価）〕）＝2,941,600円

3 争点3 (過失相殺の可否) について

(1) 原告は、本件物件の購入に当たり、住宅ローン控除の適用を重視していたものであるところ、本件物件の金額に照らせば住宅ローン控除の税務上の効果は大きく、また、住宅ローン控除の適用を受けるためにする本件修正申告の内容はいささか技巧的なものといえ、そのような本件修正申告が認められるか否かは住宅ローン控除の適用の可否に直結する重大事であることからすれば、一定の調査能力及び実務経験を有する弁護士である原告には、本件物件の購入に当たり、相応の慎重さが求められたというべきである。それにもかかわらず、原告は、本件修正申告が認められたことを確認することなく、A税理士から本件修正申告をしたとの連絡を受けてからわずか5日後に本件物件を購入するに至っているのであって、このような経過に照らせば、過失相殺による減額は避けられないものというべきである(被告らによる過失相殺の主張が信義則に照らして許されないことを基礎づける事実を認めるに足りる証拠はない。)。

(2) そうすると、上記経過その他本件に現れた一切の事情を総合考慮して、損害の公平な分担の観点から、前記の損害額から2割の過失相殺をするのが相当である。

解　説

1　事案の概要

本件は、原告が、新居の購入に当たり、税理士から、過去の所得税等の確定申告について修正申告をすれば、新居の購入のための住宅ローンに係る特別控除の適用を受けることができる旨の誤った助言を受けたことにより損害を被ったとして、税理士が損害賠償請求をされた事案である。

2　本件における争点

(1) 本件における争点は、以下の3点である。

1　A税理士の本件契約に係る債務不履行責任の有無（争点1）
2　原告の損害の有無及び額並びに相当因果関係の有無（争点2）
3　過失相殺の可否（争点3）

(2)　争点1について、裁判所は、A税理士は、原告に対し、税理士として負う本件契約に係る債務（善管注意義務）として、遅くとも本件修正申告をするまでに、原告が令和元年に購入して令和2年に入居する新居の購入に際して利用する住宅ローンに係る住宅ローン控除の適用を受けられるか否か、すなわち、国税通則法上の要件等に照らし、自ら本件助言で提案した住宅ローン控除を受けるためにする本件修正申告が認められるものか否かについて確認、調査する義務を負っていたというべきであり、その義務を行ったとして債務不履行責任を認めた。

(3)　争点2について、裁判所は、A税理士の本件契約に係る債務不履行と相当因果関係のある上記住宅ローン控除額相当の損害は、令和3年12月末日以降、10年間にわたって毎年40万円ずつ発生するものに限られることになるところ、中間利息5％を控除すると、294万1600円と認定した。

(4)　争点3について、裁判所は、原告が一定の調査能力及び実務経験を有する弁護士であることを考慮し、2割の過失相殺をした。

3　課税仕入れを行った日

(1)　本件で、被告税理士が原告による自宅売却にかかる譲渡所得について、平成29年の収入に計上することが可能であると判断した根拠は、おそらく所得税基本通達36-2によったものと推測する。同通達は、「山林所得又は譲渡所得の総収入金額の収入すべき時期は、山林所得又は譲渡所得の基因となる資産の引渡しがあった日によるものとする。ただし、納税者の選択により、当該資産の譲渡に関する契約の効力発生の日・・・により総収入金額に算入して申告があったときは、これを認める。」と定めている。

(2)　本件とは離れるが、消費税法基本通達にも類似の通達がある。消費税法基本通達9-1-13は、「固定資産の譲渡の時期は、別に定めるものを除き、その引渡しがあった日とする。ただし、その固定資産が土地、建物その他これ

らに類する資産である場合において、事業者が当該固定資産の譲渡に関する契約の効力発生の日を資産の譲渡の時期としているときは、これを認める。」と定める。この通達の趣旨が争われたのが東京高裁令和元年9月27日判決（TAINS　Z269-13320）である。この事案は、株式会社である控訴人が、平成25年6月28日に控訴人の代表取締役との間で、建物を購入する売買契約を締結し、同年7月31日に売買代金の支払い及び引き渡しがなされたところ、控訴人は、同年6月28日に課税仕入れを行った日として消費税等の確定申告をした（同年6月10日から同月30日までの課税期間）、というものである。課税庁は、同年7月31日が課税仕入れの日であるとして、更正処分を行った。

　裁判所は、「控訴人は、基本通達11－3－1が準用する同通達9－1－13の規定等を根拠として、固定資産の譲受けに係る「課税仕入れを行った日」について、引渡しがあった日と契約の効力発生の日のいずれとするかを納税者において選択することが認められていると主張し、これを前提として、本件資産の譲受けに係る「課税仕入れを行った日」は売買契約の締結日である平成25年6月28日であると主張する。

　しかし、消費税法30条1項1号にいう「課税仕入れを行った日」とは、仕入れの相手方において当該資産の譲渡等による対価を収受すべき権利が確定した日をいうものと解するのが相当であることは、前記のとおりである。基本通達の上記規定は、そのことを当然の前提とした上で、固定資産の譲渡等については、通常、その引渡しの事実があれば、その対価の支払を受けるのに法的障害がなくなり、当該資産の譲渡等による対価を収受すべき権利が確定したといえることから、引渡日をもって「課税仕入れを行った日」とすることを原則としつつ、契約内容によっては、契約の効力発生日の時点で、当該資産の譲渡等による対価を収受すべき権利が確定したといえる場合もあることから、そのような場合には契約の効力発生日をもって「課税仕入れを行った日」とすることを認める趣旨であると解される。本件資産の譲受けのように、売買契約の効力発生日（締結日）の時点では売買契約による対価を収受すべき権利が確定したというべき実態が存しない場合にまで、納税者の恣意により、売買契約の効力発生日をもって「課税仕入れを行った日」とすることは、消費税法30条1項1号の規定に反し、許されるものではなく、控訴人

の上記主張を採用することはできない。」として、納税者による課税仕入れを行った日の選択を認めなかった。

4 回避ポイント

(1) 本件は、国税通則法第19条1項1号「先の納税申告書の提出により納付すべきものとしてこれに記載した税額に不足額があるとき。」の要件を欠くにもかかわらず、修正申告が可能と助言をした点に税理士の注意義務違反があると判断された事案である。この点は、基本的知識の欠如であるから、業務の際には、法令の要件を確認すべきである、としか言えない。

(2) しかし、基本的知識が欠如していたとしても、原告の損害の発生を防止することはできた。本件で、原告が本件物件を購入するのは、住宅ローン控除の適用を受けることが前提であることは被告税理士も認識可能であったのであり、そのためには、修正申告が受理され、法的効果が実現することが前提であった。そうであれば、修正申告を先行させて、その効果の発生を待ってから本件物件を購入することを助言することもできたはずである。そうすれば、修正申告が要件を満たしておらず、受理されないことが判明した場合には、令和2年中の本件物件購入を見送り、令和3年に不動産を購入するという選択が可能であったと思われる。

(3) 本件で、裁判所も、過失相殺の判断において、「本件修正申告が認められるか否かは住宅ローン控除の適用の可否に直結する重大事であることからすれば、一定の調査能力及び実務経験を有する弁護士である原告には、本件物件の購入に当たり、相応の慎重さが求められたというべきである。」として、2割の過失相殺をしている。

誤った助言による過大な相続税の納付（税理士勝訴）

東京地裁令和4年4月19日判決（TAINZ　Z999-0180）

> 会社と委任契約を締結した税理士が、会社の役員個人からの税務相談において、誤った助言をしたことにより過大な相続税の納付という損害を被ったとして、役員が損害賠償請求をした事例。

事　案

(1) 当事者

　ア　原告は、平成25年12月25日、Ａの養子になり、平成27年12月31日、氏を変更した。原告は、平成29年4月30日当時、Ａの唯一の相続人であった。

　イ　Ａ（昭和2年8月6日生）は、平成28年6月時点で88歳であり、平成29年4月30日に死亡した。

　ウ　株式会社Ｂ（以下「Ｂ社」という。）は、不動産の営業及び管理に関する業務などを目的として、昭和38年2月15日に設立された。平成26年6月9日時点で、Ｂ社の代表取締役は、全株式を保有するＡであった。

　エ　被告法人は、他人の求めに応じ、租税に関し、税理士法2条1項に定める税務代理、税務書類の作成及び税務相談に関する業務等を目的とする法人である。被告Ｙ2は、被告法人の社員税理士である。

(2)ア　Ａ及び原告は、平成26年6月9日、被告Ｙ2と面談し、同日、Ｂ社を委任者とし、被告法人を受任者とするＢ社の決算及び法人税の確定申告を内容に含む委任契約が締結された。

　イ　被告Ｙ2は、平成27年1月期から平成30年1月期にかけて、被告法人の社員税理士として、Ｂ社の決算及び法人税の申告業務を行った。

⑶ A及び原告は、平成28年春頃、被告Ｙ２に対し、収益物件を購入することを検討していると説明した上で、これをＢ社名義で購入したほうがよいか、あるいはＡ個人の名義で購入したほうがよいかという趣旨の質問をした。

⑷ Ｂ社は、平成28年6月14日、買主として、マンション「Ｃ」の405号室（以下、単に「Ｃ」という。）を7180万円で購入する契約を締結した（以下「本件購入契約」という。）。

⑸ 原告は、平成28年6月27日、被告Ｙ２に電話をかけ、同人に対し、Ｃの売買に係る決済の際、司法書士からＢ社名義で購入することでよいか確認を求められた旨を説明した上で、Ｂ社名義で不動産を購入することでよいか質問した。

⑹ Ｂ社は、平成28年8月22日、それまで収益物件として所有及び管理していた土地建物（以下「Ｄ」という。）を7650万円で売却した。

⑺ 被告Ｙ２は、平成28年11月以降、Ｂ社の決算に当たり、Ａ及び原告に対し、ＡがＢ社を退職し、Ｂ社がＡに退職金を支給することによって、Ｄを売却して利益が出たことにより生じる多額の法人税を圧縮する方法を提案した。Ａは、上記提案を受け入れ、平成29年1月10日、Ｂ社の代表取締役を辞任するとともに、原告が、同日、Ｂ社の代表取締役に就任した。

⑻ 被告Ｙ２は、Ａが死亡した後の平成30年2月22日、被告法人の社員税理士として、Ａを被相続人とする原告の相続税の申告業務を行った。同申告において、Ａの課税価格は1億4948万7000円、相続人1名として、原告に対する相続税額は2839万4800円と算定され、原告は、法定納期限までに同金額を納付した。

上記課税価格のうちには、Ｂ社に対する貸付金7990万6168円が計上されていた。

⑼ 原告は、被告法人所属の税理士である被告Ｙ２に対し、相続税対策として不動産を購入する際の購入名義について税務上の助言を求めた際、被告Ｙ２から誤った教示をされ、これに従ったため、Ａの死後、不測の過大な相続税の納付義務を負ったと主張して、被告法人に対して、主位的に、原告と被告法人との間で締結した税務顧問契約の債務不履行に基づく損害賠償請求と

して、予備的に、①原告と被告法人との間で締結した相続税対策に関する税務相談契約の債務不履行に基づく損害賠償請求又は②Ａと被告法人との間で締結した税務顧問契約の債務不履行に基づく損害賠償請求として、損害賠償金1861万7170円（納付済みの相続税額2839万4800円と相続税対策が講じられていた場合の想定相続税額との差額相当額1692万4700円、弁護士費用169万2470円の合計額）及びこれに対する請求日の翌日である令和元年6月14日から支払済みまで民法（平成29年法律第44号による改正前のもの。以下同じ。）所定の年5分の割合による遅延損害金の請求をするとともに、被告Ｙ2に対し、不法行為に基づく損害賠償請求として、損害賠償金1861万7170円及びこれに対する令和元年6月14日から支払済みまで民法所定の年5分の割合による遅延損害金の請求をした。

争　点

1　被告Ｙ2による原告への回答に関し、被告法人に債務不履行責任が生じるか
2　被告Ｙ2の回答が原告に対する不法行為を構成するか
3　損害の発生及びその額

争点に対する双方の主張

1　被告Ｙ2による原告への回答に関し、被告法人に債務不履行責任が生じるか

原告の主張	被告の主張
(1)　被告法人が契約上負担する義務 　ア　原告との間の税務顧問契約 　　　原告は、被告法人との間で、平成26年6月9日、税務顧問契約を締結した。そのため、被告法人は、同契	(1)　被告法人が原告に対し契約上負担する義務がないこと 　ア　被告法人は、平成26年6月9日、Ｂ社との間で同社の平成27年1月期の決算及び法人税の申告について業

約に基づき、原告から税務の質問があれば、税務の専門家として回答すべき義務がある。

原告は、平成27年2月中旬、被告Y2に対し、原告がAの養子であることを話し、「これから先相続税対策をしたいと思っているのでよろしくお願いします。」と伝え、同年5月中旬に、被告Y2に対し、口頭で財産総額を伝え、同年6月には、被告Y2に対し、各銀行口座の預金額、自宅及びDの土地面積、Aが作成した公正証書遺言の内容等を伝え、現金2万円を渡した。

原告は、同年9月20日以降、被告Y2に対し、繰り返し、「相続税対策のためにCを購入する場合には、B社名義とA個人の名義のいずれによって購入すべきか」という趣旨の質問をした（以下「本件質問」という。）。

その当時Aが高齢（88歳）であったことを考慮すれば、C購入時点で、A名義で買うことが被告法人で買うよりも有効な相続税対策になることは、税務の専門家である税理士には明らかであった。

したがって、被告法人は、原告との間の税務顧問契約に基づき、原告に対し、CをAの個人名義で購入するよう回答すべき義務（以下「本

務委託契約を締結したにすぎず、A又は原告のいずれとも税務顧問契約を締結していない。これは、年に1回のスポット契約であり、亡くなった従前の税理士と同一の契約内容で、4万3200円という報酬も同一内容として引き継がれたもので、わずか年間4万円で、原告やAとの間で相続税対策を目的とした顧問契約を締結することなどあり得ない。

また、平成26年6月9日当時、被告Y2は、原告の氏名も、Aとの関係も聞かされていないもので、被告法人と原告との間に顧問契約が成立する余地はない。

イ　そもそも被告法人は、原告から、相続税対策の依頼及び相談を受けていない。被告Y2は、平成28年春頃、A及び原告から、B社が所有するDが老朽化し、修理代がかかるので、売却したいという意向を聞かされていたところ、その後、Dの売却の目処が立ったとして、「Dがなくなるので、新たな収益物件の購入を考えているけれど、A個人で購入するのもいいかなあ」と相談をされた。これは、Dの代替物件の購入の検討に当たり、個人で購入するのもいいかと思考を巡らしていたもので、決して相続税対策を目的として収益物件の購入を検討していたわけではな

件回答義務」という。）を負っていた。

イ　原告との間の相続税対策を内容とする税務相談契約

仮に上記アの契約が認められないとしても、原告は、平成27年9月20日、平成28年6月5日、同月13日及び同月27日に繰り返し、被告Ｙ2に本件質問をし、同日、「本当に会社でいいの。」と質問すると、被告Ｙ2から「会社のままでいいですよ。」と回答されたことからすると、遅くとも同回答時点までに、原告と被告法人との間で、本件質問に関する税務相談契約が成立したというべきである。

したがって、被告法人は、同時点において、同契約に基づき、税務に関する専門性を有した法人として回答する義務を負い、本件質問に対しては本件回答義務を負っていたものというべきである。

ウ　Ａとの間の税務顧問契約

仮に上記ア、イの契約の成立が認められないとしても、被告法人は、平成26年6月9日にＡとの間で税務顧問契約を締結した。そのため、被告法人は、同契約に基づき、Ａから税務の質問があれば、税務の専門家として回答すべき義務がある。

したがって、被告法人は、遅くと

かった。

ウ　一般に、税理士が相続税対策を行う場合、被相続人の資産状況を全て把握する必要があるし、被相続人や推定相続人も積極的に資産状況を開示するはずであるが、被告Ｙ2は、Ａからも原告からも資産状況の開示を受けておらず、資産構成を把握できる状況になかったから、相続税対策を受任していなかったことは明らかである。

また、相続税対策として不動産の購入を検討するのであれば、まず購入すべきかどうかから税理士に相談し、被相続人の資産構成を前提に相続税を試算するという検討が欠かせないところ、Ａ及び原告は、そうしたやり取りを経ることなく、購入することを先に決めた後に、上記イの程度の相談を持ち掛けただけであったし、ＡがＣとは別に平成28年9月2日に購入したというＥについては、事前事後の相談、報告は一切なかったもので、被告Ｙ2において、何らかの相続税対策を講じる余地がない。

さらに、相続税対策を受任する場合、相応の税理士報酬を提案し、契約書を作成するはずであるが、契約書は作成せず、税理士報酬もなかった。

も平成28年6月27日、原告を介してされたAからの本件質問を受けた際、同契約に基づき、原告を介してAに対し、本件回答義務を負っていたものというべきである。
(2) 被告法人が契約上負担する義務の違反について

被告法人所属の被告Y2は、原告に対し、平成28年6月27日、CをB社名義で購入してよいなどと回答した。しかし、これは、原告との税務顧問契約若しくは税務相談契約又はAとの税務顧問契約のいずれの契約との関係でみても、本件回答義務に違反する誤った回答をしたもので、被告法人の債務不履行に当たる。

したがって、原告は、契約当事者又は契約当事者であるAの承継人として、上記各契約に基づき、被告法人に対し、債務不履行責任を追及し得る地位にある。この点、Aと被告法人との間の税務顧問契約には、同契約がAの死亡によっては終了せず、原告に承継されるとの特約が付されていたから、原告は、被告法人に対し、同契約に基づき、被告法人との間の直接契約がある場合と同様に、債務不履行責任を追及し得るものである。

そうすると、被告Y2が、A及び原告から受けていた上記イの相談は、正式受任に至らない一般相談にとどまるもので、同人らが申告する状況のみを前提に一般論を回答すれば足りるものである。

エ したがって、被告法人は、原告及びAとの間で、税務顧問契約を取り交わしたことはなく、また、原告との間で、相続税対策を内容とする税務相談契約を取り交わしたこともない。そして、被告Y2は、原告から、相続税対策として本件質問を受けたことがない。

よって、被告法人が、原告が主張する本件回答義務を負うことはない。

(2) 被告Y2がした回答内容に誤りがないこと

被告Y2は、平成28年春頃、B社が保有していたDの売却を予定しており、その代替物件を購入する場合、法人で購入するか、個人で購入するかといった相談を受けたにとどまる。

そこで、被告Y2は、相続税対策の相談と受け止めることはなく、「個人で購入すると、取得額と評価額の差を利用して相続税対策にはつながるが、所得税などの負担は増加する」という一般論を回答したところ、しばらくしてAと原告は、「個人で購入するとB社には何も残らなくなってしまうの

誤った助言による過大な相続税の納付（税理士勝訴） 49

| | で、B社で購入する」との結論に至ったのである。
　その後、被告Y2は、平成28年6月頃に原告から電話で、「今司法書士に本当に会社名義でいいのか確認を取られたが、会社名義でいいのでしょうか」との質問を受け、「この前はそういう結論だったと思いますよ。」と回答したものである。
　そもそも、不動産を購入する際、個人で購入する場合と法人で購入する場合とどちらが課税上有利かは一概に断じ得ない。そして、被告Y2がした上記回答に誤りはなく、これが被告法人の義務違反を構成することはない。 |

2　被告Y2の回答が原告に対する不法行為を構成するか

原告の主張	被告の主張
被告Y2は、税務に関する専門家である税理士として、所属する被告法人の顧客に対し、不測の過大な納税義務が課されないようにする高度の注意義務を負う。しかし、被告Y2は、原告から本件質問を受けた際、Aの年齢などを考慮すれば、B社名義で購入するよりA個人の名義で購入する方が有効な相続税対策になることは税務の専門家からすれば明らかであるにもかかわらず、B社名義でよい旨回答したのであるから、遅くとも平成28年6月27日に原告に上記回答を	被告Y2が原告及びAから相続税対策を目的とする相談を受けたことはなく、被告Y2がした回答内容に誤りはないから、原告に対する侵害行為がない。

50　第2部　裁判例解説

した時点で、被告Y2は上記注意義務に違反し、これにより原告に不測の過大な相続税の納税義務を生じさせたというべきである。 　したがって、被告Y2による上記回答は、原告に対する不法行為を構成する。	

3　損害の発生及びその額（争点3）

原告の主張	被告の主張
原告が実際に納付した相続税額とCをA名義で購入していた場合に生じていたと考えられる計算上の相続税額の差額は1692万4700円に上る。原告は、被告らの債務不履行及び不法行為により、同金額を過大に支払う義務を負ったものである。 　また、弁護士費用は、上記損害額の1割169万2470円が相当である。	否認又は争う。

判　決

1　争点1（被告Y2による原告への回答に関し、被告法人に債務不履行責任が生じるか）について

(1)　原告と被告法人との間の税務顧問契約の存否

　　原告は、①平成26年6月9日の面談の際、Aは、被告Y2に対し、従前F税理士に委任していたと同じ内容の税務顧問契約の締結を依頼し、了承されたもので、その内容は、B社の決算及び法人税の確定申告に限るものではなかったこと、②Aが被告Y2に原告を紹介したことなどからすると、同日、原告と被告法人との間で税務顧問契約が成立したと主張する。

しかしながら、Ａが被告法人及び被告Ｙ２の紹介を受けた経緯として、従前顧問契約関係にあったＦ税理士が亡くなり、代わりの税理士を探していたという事情は認められるものの、①Ａと被告Ｙ２は、同日初めて面談し、その際、これまでのＦ税理士の業務内容として引き継がれたものは、過年度のＢ社の決算報告書と法人税の確定申告書のみであったこと、②具体的には、Ｂ社の平成27年1月期の決算と法人税の確定申告を被告Ｙ２が引き受けることを了承したが、Ａ個人の所得税確定申告業務は引き受けていないこと、③現に、被告Ｙ２は、Ａの平成28年分の所得税確定申告業務については、別途有償で受任していたこと、④従前の関係については、原告も、ＡがＦ税理士に個別に相談していたと思うなどという推測を述べるにとどまること（原告本人16、17頁）などの諸事情が認められる。

　そうすると、平成26年6月9日のやり取りからは、Ｂ社と被告法人との間に、Ｆ税理士が受任していたと同様の条件で、被告法人が平成27年1月期の決算及び法人税の確定申告業務を行うという内容の委任契約が成立したことは明らかであるが、Ａが被告法人に対し、個人の所得税確定申告を委任した事実もないから、結局、ＡはあくまでＢ社の代表者という立場で対応したにとどまるもので、被告法人の税務顧問契約のひな形に沿った契約書や報酬を含む合意内容が存在しないことを指摘するまでもなく、Ａ個人と被告法人との間に、同日、税務顧問契約を含む何らかの税務に関する委任契約が成立したものと認めることはできない。

　また、原告は、同日、Ｂ社の業務を行う者としてＡから被告Ｙ２に対して紹介され、同被告と連絡先を交換したものの、Ａの親族であるとの紹介すらされなかったことからすれば、仮にＡから「これからはこの人が全部することになるから」という発言があったとしても、被告法人の担当者である被告Ｙ２においては、Ｂ社の実務担当者として原告を紹介されたと受け止めるにとどまるものというべきである。

　したがって、同日のＡ及び原告と被告Ｙ２とのやり取りなどから、原告と被告法人との間に顧問契約関係が成立したものとみる余地はない。

　よって、被告法人が原告との税務顧問契約の債務の本旨に従った履行を

しなかったとする原告の主張は、前提となる同契約がないから、理由がない。

(2) 原告と被告法人との間の相続税対策を内容とする税務相談契約の存否

原告は、仮に原告と被告法人との間の税務顧問契約が認められなくても、遅くとも平成28年6月27日、原告が被告Y2に本件質問をし、被告Y2がこれに回答した時点で、原告と被告法人との間に相続税対策を内容とする本件質問に関する税務相談契約が成立したと主張する。

しかしながら、上記(1)説示のとおり、平成26年6月9日当時、A及び原告と被告法人との間には、個人資産に関する税務顧問契約が存在しないことに加え、これまで認定したとおり、①原告は、被告Y2に対し、同年5月頃、B社が所有するDに替わる収益物件を購入する場合、B社名義で購入すべきか、A名義で購入すべきかという相談を持ち掛け、被告Y2から、収益物件を個人名義で購入した場合のメリットとデメリットの説明を受けていたこと、②そのうえで、原告が、Dを売却するとB社の保有物件がなくなるから、新規物件をB社名義で購入する方針で考えていると知らせたこと、③同年6月27日当時、A又は原告から、被告Y2に対し、Aの個人資産が開示されたことはなかったこと、④原告は、同日、本件購入契約の売買代金決済に当たり、当日立ち会った司法書士や不動産業者から、不動産を個人名義で取得すると、購入価格に比べて大幅に低い相続税評価が適用されることなどから、購入名義をA個人とするか、B社とするか税理士に確認したほうがよいと言われ、被告Y2に電話をかけ、B社名義で購入することでよいかと確認を求めたこと、⑤原告は、同年9月に購入したEについては、被告Y2に相談することなく、A名義で購入したこと、⑥Dの売却についても、その売却前後に売却の予定や決済について相談報告したことがないこと、以上の各事実が認められる。

そうすると、原告は、B社の取締役及び実務担当者として、自ら積極的に不動産の取得や処分等に関する事務を進捗させており、逐一被告Y2の指示を仰いで上記の取得や処分等の事務を行うものではなかったところ、B社が新たに収益物件を購入するかという点については、平成28年5月頃、被告Y2との間で、同社が所有するDに替わる収益物件の購入検討に当

たり、A個人名義で購入する選択肢があるかどうかについて相談し、被告Y2から、不動産を個人名義で購入する場合のメリットとデメリットに関する一般的な助言を受けると、後日、原告自ら会社名義で購入するという選択をしたことが認められる。このように、同年6月27日までの間、原告が被告Y2に対し、収益物件の購入をB社名義とするか、A名義とするか相談したことは、一般的な税務相談にとどまるもので、相続税対策を内容とする本件質問に関する税務相談であると認めることはできない。

また、こうした経過の下、原告が、同年6月27日、本件購入契約の決済に当たり、その場に居合わせた司法書士や不動産業者から、購入名義を個人名義とするか、会社名義とするか再度税理士に確認したほうがよいとの助言を受け、被告Y2に電話をかけたという以上、当該電話は、前回の相談内容の確認を求めるにとどまるものといえるから、原告が被告Y2に対し、新たに税務相談を申し入れたものとは認め難い。そして、このことは、上記電話における被告Y2の応答が、この前はそういう結論だったと思いますよという回答にとどまったことからも裏付けられる。

したがって、平成28年6月27日に原告が被告Y2あてにかけた電話内のやり取りをもって、原告と被告法人の間で、Cの購入に当たり、相続税対策を目的とすると、B社名義で購入するべきか、あるいは、A名義で購入するべきか（本件質問）を内容とする税務相談契約が明示又は黙示のうちに締結されたものと認めることはできない。

よって、被告法人が原告との税務相談契約の債務の本旨に従った履行をしなかったとする原告の主張は、前提となる同契約がないから、理由がない。

(3) Aと被告法人との間の税務顧問契約の存否

原告は、仮に原告と被告法人の間において、税務顧問契約又は本件質問に関する税務相談契約の締結が認められないとしても、被告法人は、平成26年6月9日にAとの間で税務顧問契約を締結したと主張するが、Aと被告法人との間に同日税務顧問契約が成立したと認められないことについては、上記(1)で説示のとおりである。

よって、被告法人がAとの間の税務顧問契約の債務の本旨に従った履

行をしなかったとする原告の主張は、理由がない。
 (4) 以上から、原告の被告法人に対する債務不履行に基づく損害賠償請求は、その余の点を判断するまでもなく、理由がない。
2 争点2（被告Y2の回答が原告に対する不法行為を構成するか）について
 (1) 原告は、平成28年6月27日、被告Y2が、相続税対策としてCをB社名義で購入するべきかという本件質問を原告から受けた際、Aの年齢などを考慮すれば、A名義で購入する方が有効な相続税対策となることが明らかであったにもかかわらず、B社名義で購入してよい旨の誤った回答をしたことが、税理士としての高度な注意義務に違反し、これが原告に対する不法行為を構成すると主張する。

　しかしながら、上記で説示したとおり、平成28年6月27日に原告が被告Y2あてにかけた電話において、原告が被告Y2に対し、Cの購入に当たり、相続税対策を目的とすると、B社名義で購入するべきか、あるいは、A名義で購入するべきかという本件質問をしたという事実を認めることができない。

　したがって、原告の上記主張は、その前提となる本件質問をした事実が認められないから、理由がない。
 (2) 原告は、相続税に関する業務を取り扱っている税理士であれば、Aの年齢などの状況から依頼者のニーズを酌み取り、適切な税務上の助言をすべきであった旨主張する。

　しかしながら、税理士は、税務に関する専門家として、独立した公正な立場において、申告納税制度の理念に沿って、納税義務者の信頼に応え、租税に関する法令に規定された納税義務の適正な実現を図ることを使命とするところ（税理士法1条）、税務知識の偏在性を背景に、積極的に誤った課税知識を教示するなどして、これを信頼した相手方に不測の税務上の損害を生じさせない注意義務を職務上負う余地があるとしても、相手方に有利なあらゆる方法を想定した税務知識を教示しなければならない義務まで負うものではない。

　しかるに、収益物件の取得に際しては、法人名義で購入する場合と、個人名義で購入する場合とで、いずれが節税としてより有効かは、年齢、保

有目的（転売、超長期など）、小規模宅地の評価減の適用の有無、家賃収入の多寡、税率、貸付債権等の問題といった要素を総合的に検討する必要がある上、実際の相続税額は、相続の発生時期によって異なるなどから、傾向的な把握が可能であるにとどまり、一義的に定まるものではない。

　そうすると、被告Ｙ２が、原告に対し、どちらで購入すべきかという回答は行わず、一般論として、収益物件を個人名義で購入すると、取得額と相続税評価額との間に差額が生じるから、その差額分は相続税の課税上有利となる一方、家賃収入が所得となるため、所得税、住民税及び国民健康保険料が増加するという趣旨の説明をしたことをもって、誤りであるとはいえない。すなわち、被告Ｙ２が、Ｂ社名義で物件を購入することを肯定し、Ａの年齢を考慮してＡの個人名義で物件を購入するよう積極的に勧めなかったことをもって、税理士としての注意義務に反するということはできない。

　したがって、被告Ｙ２の上記回答が、税理士としての注意義務に違反し、原告に対する不法行為を構成するという原告の上記主張は理由がない。

解　説

1　事案の概要

　本件は、会社と決算及び法人税の確定申告業務を受任した被告税理士法人について、原告が相続税対策として不動産を購入する際の購入名義について税務上の助言を求めた際、被告税理士法人の担当税理士である被告Ｙ２から誤った教示をされ、これに従ったため、Ａの死後、不測の過大な相続税の納付義務を負ったと主張して被告税理士法人及びＹ２に対して損害賠償請求を求めた事案である。

2　本件における争点

　争点は、次の３点である。

1　被告Y2による原告への回答に関し、被告法人に債務不履行責任が生じるか（争点1）
2　被告Y2の回答が原告に対する不法行為を構成するか（争点2）
3　損害の発生及びその額（争点3）

そして、争点1を判断するにあたって、判決では、次の3点について検討している。

(1)　原告と被告法人との間の税務顧問契約の存否
(2)　原告と被告法人との間の相続税対策を内容とする税務相談契約の存否
(3)　Aと被告法人との間の税務顧問契約の存否

判決では、上記3点のいずれも否定して争点1について否定し、争点2も否定した結果、争点3を検討するまでもなく、被告法人の損害賠償責任を否定している。

次に、争点2を判断するにあたって、判決では、次の2点について検討している。

1）原告の主張するY2の誤った回答の前提となる質問をしたか。
2）質問がなくてもY2は、積極的に助言をすべきであったか。

判決は、このいずれも否定した。

原告は、被告法人に対しては、債務不履行又は不法行為に基づく損害賠償請求をしているが、債務不履行の有無について判断する場合、裁判所は、次の順序で検討することになる。

①　原告と被告との間に契約が成立しているか。
②　契約が成立している場合の業務範囲
③　業務範囲内の行為の場合、被告に善管注意義務はあるか。
④　損害額

本件では、①を否定したため、②以降について判断するまでもなく、債務不履行による損害賠償責任については否定し、次の不法行為の成否についての検討に移っている。

3　税理士と役員個人との契約の成立の判断

　税理士損害賠償請求において、原告と被告税理士との間に契約が成立しているかどうか、またその業務範囲を判断する場合には、契約書が存在するかどうかが重要な要素となる。契約書等に署名捺印した者は、特段の事情がない限り、その記載内容を了解して署名捺印したものと推認すべきとされ（最高裁昭和38年7月30日判決）、契約書や領収書などの重要な書証がある場合には、特段の事情がない限り、その記載どおりの事実を推認すべき（最高裁昭和32年10月31日判決）とされている。

　東京地裁平成24年3月30日判決（判タ1382号152頁）は、会社の顧問税理士が、消費税法上の課税事業者選択届出の提出に関する指導・助言をすべきだったのに、その義務を怠ったために、期末に在庫として有していた棚卸資産に関し、仕入税額控除を受けられなかったとして損害賠償請求された事案であるが、裁判所は、顧問契約上なすべき義務は、契約書に明記された税務代理や税務相談等の事項に限られる、として、契約書どおりの事実認定をしている。但し、契約書に記載のない業務を一切する義務がないとするのではなく、「課税上重大な利害得失があり得ることを具体的に認識し又は容易に認識しうるような事情がある場合には、付随的義務として助言・指導する義務がある。」とされているので、契約書に記載のない事項であっても助言指導する義務が発生する可能性がある点は注意が必要である。

　本件では、そもそも会社との間にも税務顧問契約書の締結がなかったので、裁判所は、Ｂ社と被告法人との契約の成立及び業務範囲を判断し、その上で原告との間に顧問契約が成立していたかを判断している。

　まず、Ｂ社と被告法人との契約については、従前業務を行っていたＦ税理士が亡くなったことから、代わりの税理士を探していた事情などにより、Ｂ社と被告法人との間に、Ｆ税理士が受任していたと同様の条件で、被告法人が平成27年1月期の決算及び法人税の確定申告業務を行うという内容の委任契約が成立したことは明らかであるとした。

　しかし、原告と被告税理士法人との契約については、①Ｆ税理士の業務内容として引き継がれたものは、過年度のＢ社の決算報告書と法人税の確定申

告書のみであったこと、②A個人の所得税確定申告業務は引き受けていないこと、③被告Y2は、Aの平成28年分の所得税確定申告業務については、別途有償で受任していたこと（B社と被告法人との契約に含まれていないこと）、などを理由として、委任契約の成立を否定した。

　このように、契約書が存在しない場合には、過去の当事者間のやり取りや各当事者の行動から、当事者間に契約を成立させる旨の意思表示が合致していたか、また、どのような意思表示の合致があったのか、を推認することになる。

　本判決に対し、法人の顧問税理士と法人の役員との間に税務相談契約を認定したものに、東京地裁平成27年5月19日判決（判例秘書L07030540）がある。事案は次のとおりである。A社、B社、C社の代表取締役である原告X、各社の取締役である原告X2が共有不動産を売却し、居住用不動産を買い換えた場合の譲渡損失及び繰越控除の特例を受けるため、平成21年12月28日、B社から借り入れをして、不動産を購入したが、居住用不動産買換特例の適用の要件を充たさないとして、所得税の更正処分及び過少申告加算税の賦課決定処分がなされた。原告らは、会社の顧問税理士である被告税理士Yが原告らとも顧問契約あるいは税務相談契約を締結していたところ、原告らに対して誤った助言を行ったことにより損害を被ったとして損害賠償請求をしたものである。この事案において、裁判所は、原告らとの顧問契約の成立は否定したものの、居住用不動産買換特例に関する税務相談契約は認めた上で、結論としては、税理士の助言に誤りはないとして、税理士勝訴判決をした。居住用不動産買換特例に関する税務相談契約の成立を認めた理由としては、①被告が行った居住用不動産買換特例を利用する旨の提案は原告らが△△不動産の売却に当たって損益通算に関する被告の職員Eの回答に苦情を伝えてきたことを踏まえての提案であったこと、②上記の提案に当たり、Eが被告の指示により、複数の税務署に居住用不動産買換特例の適用について原告らが実行可能な内容での問い合わせをしていること、③原告らから借入先の変更による居住用不動産買換特例の適用の有無について問い合わせを受けた際も、被告は断ることもなく、税務署に問い合せたうえで回答していること、などの事情から、一般的な制度説明を超えて、被告が原告らの居住用不動産買換特例の適用に関する税務相談を受けることを受任していたと認めることができるとした。

4 回避ポイント

　本件において、回避ポイントとしては、被告税理士と原告個人との間の委任契約の成立が否定されたことにあるが、契約書が存在しない場合、委任契約が成立しているかどうかを判断するについては、①過去にどの程度、具体的事案において、税務相談を受けてきたか、②個人の所得税確定申告を受任しているか（受任している場合、費用は別途受領しているか）、③助言は一般的な制度の説明にとどまるものか、具体的な助言をしているか、④原告個人が税理士から助言を得るための資料をどの程度提供しているか、⑤税理士がどこまで調査検討をしているか、⑥原告個人が課税要件事実に該当する行為をする過程でどの程度税理士とやり取りをしているか、などを検討することになる。

　したがって顧問契約を締結している会社の役員個人から相談を受けた場合には、一般的な制度説明にとどめるのか、あるいは、具体的な税務相談を受任して、具体的な資料に基づき、検討をし、別途費用を請求するのか、その線引を明確にしておくことが肝要である。

　そして、具体的な税務相談を受任する場合には、契約書を締結し、業務の範囲、資料提出の責任が誰にあるのか、などを明確にしておくことが望ましい。

　過去の裁判例には、税理士と顧問会社の取締役個人との間に顧問契約が成立しているかどうかが争われた事案において、取締役個人からの顧問契約が存在しないならば、取締役から相談を受けた際に、個人の相談は受けられない旨相談の受理を拒否すれば足りるのであって、右相談に応じたこと自体本件顧問契約の存在を裏づける事情であるとしたものがある（東京地裁平成12年6月30日判決）ので、注意が必要である。

事前通知のない税務調査を拒否した税理士の義務違反
（税理士敗訴）

千葉地裁令和3年12月24日判決（TAINS　Z999-0179）

　　税理士が事前通知のない税務調査を拒否したことにより、仕入税額控除を否認された事案において、税理士に義務違反を認め、その結果、原告が帳簿書類を提示し税務調査に応ずる機会を失ったとして損害賠償請求をされた事例。

事　案

(1)　原告はパチンコ店を営む株式会社である。Xは、令和3年2月17日まで原告の取締役及び代表取締役を務めていた者である。

(2)　被告は、平成4年頃から、原告との間において、税務顧問契約を締結し、原告の税務書類の作成、税務代理等の事務を行っていた。

(3)　東京国税局担当者（以下「東京担当者」という。）は、原告に対し、平成26年2月4日、事前通知なく原告店舗等に臨場した。被告は、電話で東京担当者に対し、税務調査に当たり事前通知を行わない理由を尋ねたが、東京担当者が、事前通知を行わない理由については回答することができないと述べると、事前通知を要しない理由を説明することができない調査は違法であるとして退去を求めた。そこで、東京担当者らは、原告店舗等から退去した。

　　その後も東京担当者らは、原告代理人となったM弁護士らに税務調査に応じるよう求めたが、拒否された。

(4)　東京担当者は、平成26年6月12日付け連絡票をM弁護士宛てに発送した。本件連絡票には、次のような記載がある。

　㋐　本件調査のため、平成26年6月20日午前10時に原告事務センターに伺う。

(イ)　当日は、平成23年6月期、平成24年6月期及び平成25年6月期の法人税、復興特別法人税、源泉所得税、復興特別所得税及び消費税の納付の基となる全ての帳簿書類を提示し、税務調査に応じられたい。

　(ウ)　国税通則法74条の2の質問検査権に対し、不答弁若しくは虚偽の答弁、検査の拒否、妨害若しくは忌避した場合、又は、物件の提示又は提出依頼に対し、正当な理由なくこれに応じない場合は、同法127条の罰則が適用されることになる。

　　被告は、連絡票による調査を拒否した。

(5)　原告が平成26年10月1日付けで本店所在地を異動したことにより、F国税局の本件調査の担当者が本件調査を引き継いで行うこととなったが、F担当者の求めにもかかわらず、被告は調査を拒否した。

　被告は、その後も調査の拒否を続け、国税局担当者から「今後も帳簿書類の提示がなければ、法人税法127条1項1号に規定する帳簿の備付け等が法令の規定に従って行われていないものとして、青色申告の承認の取消処分の対象となる場合があり、消費税の仕入税額控除を否認せざるを得ない場合もある。」旨記載された連絡票を受け取ったが、調査拒否の対応は変わらなかった。

(6)　F担当者は、平成27年5月19日、本件調査を終了した。A税務署長は、平成27年6月8日付けで、原告に対し、仕入税額控除を否認して本件各期の消費税の更正（以下、併せて「本件各更正」という。）及び過少申告加算税の賦課決定（以下「本件各賦課決定」といい、本件各更正と併せて「本件各更正等」という。）をするとともに、原告に対し、平成23年6月期以後について青色申告承認取消処分をした。

(7)　原告は、本件各更正等を不服として、平成27年8月4日付けで、F国税局長に対し、本件各更正等についての異議の申立てをした。F国税局長は、同年10月2日付けで、原告の異議の申立てを棄却する決定をした。

　原告は、本件各更正等を不服として、平成27年11月4日、国税不服審判所長に対し、本件各更正等についての審査請求をした。国税不服審判所長は、平成28年10月21日付けで、原告の審査請求を棄却する裁決をした。

　原告は、平成29年4月26日、東京地方裁判所に対し、処分取消訴訟（以下

「別件訴訟」という。）を提起したが、令和元年11月21日、別件訴訟について、原告の請求をいずれも棄却する判決を言い渡した。原告は、控訴、上告をしたが、控訴棄却、上告棄却兼不受理決定をした。

(8) 原告は、原告の税務代理人であった被告に対して、善管注意義務違反、指導助言義務違反及び忠実義務違反があったとして、不法行為の規定による損害賠償請求又は税務代理委任契約上の債務不履行を根拠として、3億2000万円等の損害賠償請求訴訟を提起した。

争　点

本件の争点は、被告の善管注意義務違反、指導助言義務違反及び忠実義務違反の有無（争点1）、原告の損害（争点2）である。

本稿では、争点2は割愛する。

争点に対する双方の主張

原告の主張	被告の主張
被告は、税理士業務を行う公認会計士であり、原告から本件調査についての税務代理を受任したものであるから、税務に関する専門家として本件調査に適切に対応し、誤った対応により不要の課税処分を受けないよう職務を遂行すべき善良な管理者の注意義務を負っていた。ところが、被告は、F担当者から、本件調査への協力と帳簿等の提示の求めを受けるとともに、再三にわたり不提示の場合は仕入税額控除を否認せざるを得ないこともあると通知を受けたにもかかわらず、	(1) 被告は、本件担当者に対し、本件調査への協力や帳簿等の提示を拒否したものでなく、質問調査を行う法的根拠を確認していたにすぎず、本件調査に対する対応について、被告に税務代理委任契約上の善管注意義務違反及び指導助言義務違反はない。 (2) 本件は、国税庁長官の通達にある事前通知を要しない場合に該当しないにもかかわらず、事前通知がされなかったなど調査手続きの違法があり、処分が違法である。

税法や実務に関する知識の不足により、帳簿等の提示の求めに応じなければ帳簿等を保存しない場合に該当するとして仕入税額控除を否認されることがあることを認識しないまま、東京担当者が調査初日に事前通知を行うことなく調査に訪れたことについて、国税通則法上事前通知を要しない場合に該当する根拠を国税局長の文書により回答するよう求め、そのような回答がない限り調査に応じないなどとして、帳簿等の提示の求めに応ずることなく本件調査への協力を拒否し続けるという誤った対応をし、そのため、原告は本件各更正等を受けた。

　被告の上記対応は、税務代理委任契約上の善管注意義務、忠実義務、指導助言義務に違反するものである。

判　決

1　被告は、…東京国税局により本件調査が開始されたことを受けて、平成26年2月上旬頃、原告との間において、税務代理の対象に関する事項を原告に対する全ての国税に関わる質問検査権の執行に関してと定めて、税務代理委任契約を締結し、原告の税務代理人として、本件調査の開始から終了まで本件調査に対する対応を、主として、本件調査が原告に対する事前通知を行うことなく開始されたことの違法を主張して本件調査に応ずることを拒否するという方針により、行っていたところ、①平成26年6月以降、本件担当者から、本件連絡票1ないし5の送付を受け、法人税、消費税等の納付の基となる全ての帳簿書類を提示し税務調査に応ずることを求められ、その求めに応じなければ、青色申告の承認の取消処分を受け、消費税の仕入税額控除を否

認されるおそれがある状況となったにもかかわらず〔本件連絡票4には、今後も税務調査の進展が図られない場合は本件担当者が独自調査を進めるという記載が、本件連絡票5には、今後も税務調査の進展が図られない場合は税法に基づく対応が行われる可能性があるという記載が、それぞれある。〕、Xらとともに原告の本店所在地を異動することを決定するなどしたのみで、本件調査が原告に対する事前通知を行うことなく開始されたことの違法を主張して本件調査に応ずることを拒否するというそれまでの方針を維持することの可否について、課税当局の対応見込みを踏まえて原告（X）と真摯に検討することがなく、さらに、②平成27年4月以降、本件担当者から、本件連絡票6ないし9の送付を受け、それまでと同様、法人税、消費税等の納付の基となる全ての帳簿書類を提示し税務調査に応ずることを求められるだけでなく、今後も税務調査の進展が図られない場合は、税法上、青色申告の承認の取消処分の対象となり、消費税の仕入税額控除も否認せざるを得ない可能性もあるとして、重大な不利益処分がされる可能性があることが明示されたにもかかわらず、XらとともにF国税局に対してA税務署の調査であれば税務調査に応ずる旨の文書を提出することを決定するなどの弥縫策をとったのみで、なお、本件調査が原告に対する事前通知を行うことなく開始されたことの違法を主張して本件調査に応ずることを拒否するというそれまでの方針を維持することの可否について、課税当局の対応見込みを踏まえて原告と真摯に検討することがないまま、最後まで、本件調査が原告に対する事前通知を行うことなく開始されたことの違法を主張して本件調査に応ずることを拒否するという対応をとったものである。

2 　他人から税務代理を受任した税理士は、委任の本旨に従い、善良な管理者の注意をもって、当該委任に係る税務代理に関する事務を処理する義務を負う（民法644条）ところ、被告が、原告との間において税務顧問契約を締結し、原告の税務代理人として各期の法人税、消費税等の確定申告をしてきたものであり、東京国税局により本件調査が開始されたことを受けて、原告との間において税務代理委任契約を締結したことは、上記のとおりであって、このことからするならば、被告は、原告から全ての国税に関わる税務代理を全般的に受任した税理士であると認めるのが相当であり、被告は、税務に関する

専門家として、独立した公正な立場において（税理士法1条）でありつつも、全ての国税に関わる原告の正当な利益を実現し又は保持するため、善良な管理者の注意をもって、当該委任に係る税務代理に関する事務を処理する義務を負っていたというべきである。そして、これを本件の事実関係に即して具体的にみるならば、被告は、原告の税務代理人として、本件調査に対する対応を行うに当たり、税務に関する専門家として、独立した公正な立場において、税法の解釈に関する自らの見識を有しつつも、適時に、原告（X）に対し、本件調査の状況と見通しを客観的かつ真摯に説明し、原告から、本件調査に対する対応の方針について、十分に知識、情報を与えられた上での指示ないし同意を得た上、苟且にも、原告が、本来受けることができた青色申告の承認を受けることによる税法上の特典を受けることができなくなることや、本来受けることができた消費税の仕入税額控除を否認されることがないよう、細心の注意をもって、適切に対応を行う義務を負っていたというべきである。ところが、被告は、原告の税務代理人として、本件調査に対する対応を行うに当たり、本件担当者から、本件各連絡票の送付を受け、法人税、消費税等の納付の基となる全ての帳簿書類を提示し税務調査に応ずることを求められ、当初は明示されなかったものの、その求めに応じなければ、青色申告の承認の取消処分を受け、消費税の仕入税額控除を否認されるおそれがある状況となり（もっとも、税務に関する専門家である被告がそのことを認識していなかったとは考えられない。）、後にはそのような重大な不利益処分がされる可能性があることが明示されたにもかかわらず、Xらとともに、原告の本店所在地を異動することを決定する、F国税局に対してA税務署の調査であれば税務調査に応ずる旨の文書を提出することを決定するなどの弥縫策をとったのみで、本件調査が原告に対する事前通知を行うことなく開始されたことの違法を主張して本件調査に応ずることを拒否するというそれまでの方針を維持することの可否について、（税務に関する専門家としての税法の解釈に関する自らの見識については一旦措いた上、）課税当局の対応見込みを踏まえて原告（X）と真摯に検討することがないまま、最後まで、本件調査が原告に対する事前通知を行うことなく開始されたことの違法を主張して本件調査に応ずることを拒否するという自らが立てた方針に拘泥し、その方針に基づい

た対応をとったのであり、被告は、他人から税務代理を受任した税理士が負う義務に違反し、原告は、そのことによって、帳簿書類を提示し税務調査に応ずる機会を失い、本件各更正等を受けるに至ったと認めることができるから、被告に対し、これによって生じた損害の賠償を請求することができる。

解　説

1　事案の概要

　本件は、事前通知なく税務調査が開始された原告から税務調査に関する税務代理権限を授与された被告税理士が、事前通知のない税務調査は違法であり、税務調査に対応する必要はないとしてこれを拒否した結果、仕入税額控除を否認されるとともに青色申告承認取消処分を受け、原告に損害が発生したことから、損害賠償請求を受けた事案である。

2　本件における争点

　本件における争点は、被告の善管注意義務違反、指導助言義務違反及び忠実義務違反の有無である。
　この点について、裁判所は、本件調査に応ずることを拒否するという自らが立てた方針に拘泥したことによって原告が税務調査に応ずる機会を失ったとして、善管注意義務違反を認めた。

3　質問検査の拒否と帳簿書類の保存

　税務調査を受けた原告が第1回臨場による調査を故意に2ヶ月間延ばした事案において、最高裁平成16年12月19日判決（TAINS　Z254-9860）は、「事業者が、消費税法施行令50条1項の定めるとおり、法30条7項に規定する帳簿又は請求書等を整理し、これらを所定の期間及び場所において、法62条に基づく税務職員による検査に当たって適時にこれを提示することが可能なように態勢を

整えて保存していなかった場合は、法30条7項にいう「事業者が当該課税期間の課税仕入れ等の税額の控除に係る帳簿又は請求書等を保存しない場合」に当たり、事業者が災害その他やむを得ない事情により当該保存をすることができなかったことを証明しない限り（同項ただし書）、同条1項の規定は、当該保存がない課税仕入れに係る課税仕入れ等の税額については、適用されないものというべきである。」と判示している。

　また、青色申告承認取消処分についても、最高裁平成17年3月10日判決（TAINS　Z255-09954）は、「税務調査において、帳簿提示を拒否した事案で、青色申告承認取消処分をした。裁判所は、「法人税法126条1項は、青色申告の承認を受けた法人に対し、大蔵省令で定めるところにより、帳簿書類を備え付けてこれにその取引を記録すべきことはもとより、これらが行われていたとしても、さらに、税務職員が必要と判断したときにその帳簿書類を検査してその内容の真実性を確認することができるような態勢の下に、帳簿書類を保存しなければならないこととしているというべきであり、法人が税務職員の同法153条の規定に基づく検査に適時にこれを提示することが可能なように態勢を整えて当該帳簿書類を保存していなかった場合は、同法126条1項の規定に違反し、同法127条1項1号に該当するものというべきである。」と判示している。

　したがって、税務調査において質問検査を拒否し、調査に協力しない態度を続けると、帳簿書類を保存していないとして、仕入税額控除否認及び青色申告承認取消処分を受ける可能性があるので、注意が必要である。

4　回避ポイント

　本件では、税理士が、事前通知なしに行われた税務調査に対し、事前通知しない理由を問いただし、理由を開示しないことを理由として税務調査を拒否した結果、帳簿書類を保存していないとして、仕入税額控除否認及び青色申告承認取消処分を受けたものである。

　平成23年の国税通則法の改正により、原則として税務調査の事前通知が義務付けられた。例外的に、国税通則法74条の10が「前条第一項の規定にかかわらず、税務署長等が調査の相手方である同条第三項第一号に掲げる納税義務者の

申告若しくは過去の調査結果の内容又はその営む事業内容に関する情報その他国税庁等若しくは税関が保有する情報に鑑み、違法又は不当な行為を容易にし、正確な課税標準等又は税額等の把握を困難にするおそれその他国税に関する調査の適正な遂行に支障を及ぼすおそれがあると認める場合には、同条第一項の規定による通知を要しない。」と規定し、事前通知なしに税務調査を行う場合を定めている。

事前通知なしの無予告調査に対し、国税通則法74条の10の要件該当性の理由を問いただすことは特段問題はない。

この場合、租税職員が事前通知をしなかったことについて理由を開示するかどうかに関する国税庁の見解は、税務調査手続に関するFAQ（一般納税者向け）において、次のように説明されている。

> 問21　事前通知無しに実地の調査が行われた場合、事前通知が行われなかった理由の説明はありますか。また、事前通知をしないことに納得できない場合には不服を申し立てられますか。

> 　法令上、事前通知を行わないこととした理由を説明することとはされていません。ただし、事前通知が行われない場合でも、運用上、調査の対象となる税目・課税期間や調査の目的などについては、臨場後速やかに説明することとしています。
> 　また、事前通知をしないこと自体は不服申立てを行うことのできる処分には当たりませんから、事前通知が行われなかったことについて納得いただけない場合でも、不服申立てを行うことはできません。

また、事前通知なしに行われた調査に対して、調査理由を開示しないことは違法であるとの原告の主張に対し、熊本地裁平成15年11月28日判決（TAINS Z253-9478）は、「調査理由の開示については、納税者に対して具体的に開示することは法律上の要件とされておらず」と判示している。

したがって、租税職員から事前通知をしなかった理由が開示されない場合には、いつまでもその理由の開示に固執したり、税務調査を拒否していると、帳簿書類を保存していないとして、仕入税額控除否認及び青色申告承認取消処分

を受ける可能性があるので注意が必要である。

　千葉地裁平成29年11月15日判決は、事前通知なしの無予告調査に対し、特に拒否せず応じた後、違法な調査により精神的苦痛を受けたとして国家賠償請求訴訟により慰謝料を請求した。この事案において、裁判所は、国税通則法74条の10の要件に該当しない事実については、原告である納税者が立証責任を負うとした上で、「通則法74条の10の要件該当性の判断は、税務署長等が行うものであって、納税義務者が何ら関与していないものであることは原告が主張するとおりであり、納税義務者においては、税務署長等が通則法74条の10の要件該当性の判断の根拠とした事実関係が明らかにならなければ、その判断の違法性を主張すること自体が困難になるから、被告である国としても、税務署長等が通則法74条の10の要件該当性の判断の根拠とした事実関係を明らかにする責任があるというべきであり、このようにして明らかにされた事実関係に基づき、原告において、税務署長等が職務上の法的義務として通常尽くすべき注意義務を尽くすことなく漫然と通則法74条の10の要件該当性の判断をしたと認め得る事情を主張立証すべきものと解すべきである。」と判示している。

　したがって、無予告調査の違法性が疑われる場合において、租税職員が国税通則法74条の10の要件該当性の理由の開示をしない場合には、一旦税務調査に応じた上で、後日、国家賠償請求訴訟を提起し、その中で調査の違法性を主張立証していくという方法がある。

税額算定の誤りによる過大な租税債務負担
（税理士敗訴）

東京地裁令和3年11月11日判決（D1-Law.com　29067753）

> 原告が、自身が経営する会社の株式等の資産を同社に売却するに際し、税理士である被告に対し、誤りなく税額を算定すべき義務がありながらこれに反したことから、許容していた以上の租税債務を負担することになったとして損害賠償請求した事例。

事　案

(1)　原告は、平成25年8月当時、株式会社A（以下「会社」という。）の代表取締役であり、当時の会社の発行済み株式総数3600株のうち962株（以下「本件株式」という。）を所有していた。また、原告は、上記当時、会社の本店所在地の土地の一部及び本店社屋2棟のうちの1棟（以下「本社土地建物」という。）を所有していた。

被告は税理士であり、平成25年以前から、会社の顧問税理士を務めていた。

(2)　原告は、平成25年9月30日、会社に対し、本件株式を代金1億5392万円、本社土地建物について、土地を2億円、建物を1億円（消費税込み）で売却した（以下「本件資産売却」といい、そのうち本件株式の売買について「本件株式売買」という。）。また、原告は、同年10月11日付けで会社の取締役を辞任し、その頃、会社から役員退職慰労金として8323万円を支給された。

(3)　原告は、被告に対し、平成25年分の所得税等の確定申告に係る業務を依頼した。被告は、本件資産売却が所得税法施行令61条1項4号（以下「本件施行令条項」という。）に該当し、本件株式売買に係る収入が譲渡所得として分離申告課税の対象となることを前提に、原告の所得税額を3682万3200円と計算し、その旨の確定申告書を作成した。原告は、上記確定申告書に基づいて

所得税等の申告を行い、所得税として上記同額を納付した（以下「本件確定申告等」という。）。

また、原告は、被告に対し、平成26年3月17日頃、平成25年度分確定申告料及び平成25年度譲渡所得申告料の名目で525万円(消費税込み)を支払った。

(4) B税務署は、会社が原告に対して本件株式売買の代金を支払う際に配当等についての源泉徴収に係る所得税及び復興特別所得税等（以下「源泉所得税等」という。）を徴収せず、法定納期限までにこれを国に納付しなかったとして、平成28年6月29日、会社に対し、源泉徴収所得税等3103万7583円の納税告知処分及び不納付加算税310万3000円の賦課決定処分を行った。

会社は、上記の納税告知処分に対し、平成28年6月30日にA税務署に源泉所得税及び復興特別所得税3103万7583円並びに不納付加算税310万3000円を納付する一方で、この処分を不服として、国税不服審判所に対して審査請求を行い、同審査請求において本件資産売却が本件施行令条項に該当し、本件株式売買による収入は分離申告課税の対象となり、会社に源泉徴収義務がない旨主張した。国税不服審判所は、平成29年8月2日、本件資産売却による会社の本件株式の取得が、本件施行令条項による取得に該当しないなどとして、会社の審査請求を棄却する裁決をした。

(5) C税務署は、平成29年1月30日付で、原告に対し、平成25年分の所得税等の確定申告について、本件株式売買に基づいて受領した売買代金が、所得税法25条1項4号に規定する「配当等とみなす金額」に該当すること等の点について誤りがあると考えられるなどとして、確定申告書の内容の見直し等をすることを要請する旨の文書を送付した。

原告は、平成29年10月2日、平成25年度の所得税等について、本件株式売買について1億5199万6000円の配当所得があったことを前提とする内容の修正申告をし、所得税等88万4000円、延滞税2万5300円を納付した。また、東京都C区は、上記修正申告の内容に基づいて原告の総所得金額が増加したことに伴い、平成29年度の特別区民税・都民税（以下「都民税等」という。）を2002万2000円から2578万2300円に変更する旨を決定し、原告は、変更後の差引税額である576万0300円を納付した（以下「本件修正申告等」という。）。

争点

1 被告が、原告との間でコンサルティング契約を締結し、同契約上の善管注意義務に違反したか
2 被告が本件資産売却に伴う税額を誤りなく算定すべき義務を負うか及び同義務に違反したか
3 損害の有無及びその額並びに因果関係

争点に対する双方の主張

1 被告が、原告との間でコンサルティング契約を締結し、同契約上の善管注意義務に違反したか

原告の主張	被告の主張
ア　被告は、原告に対し、原告が会社の代表取締役社長及び取締役を退任することを前提として本件資産売却を実行し、その対価や原告に支給される退職慰労金等で原告の負債を返済する計画を提案していたところ、原告は、被告に対し、手元に1億5000万円程度の現金が残るような計算であれば話を進めたい旨を伝えた。 　これを受けて、被告は、平成25年7月から8月頃、原告に対し、原告が会社の代表取締役社長及び取締役を退任することを前提として、本件株式及び本社土地建物の各売却価額並びに会社から原告に支給される退職慰労金額、	被告が原告から本件書面に係る提案を進めるよう依頼された事実はなく、原告と被告が本件コンサルティング契約を締結した事実はない。したがって、義務違反もない。 　被告は、平成24年頃、原告から、役員報酬及び本社土地建物の賃料が減額されたことにより、債務の返済負担が非常に重くなっているとの相談を受けたことから、好意で、原告の資産売却に関する試算をし、原告のために会社等との折衝等の協力行為を行ったが、原告との間で、被告が義務を負うような合意をした事実はない。被告が原告に対して報酬を提案したのは、最終的に本件資産売却等の取

更にはこれらの収入に伴って原告が負担する税額（いずれも分離申告課税を前提とする税額）が記載され、原告の借入金債務及び保証金返還債務を支払った上で、原告の手元に1億4602万4604円の現金が残る企画を記載した書面を示し、その内容を実行することを提案し、原告は、被告に対し、同提案を実行することを依頼し、被告はこれを了承した。

　これにより、原告と被告は、被告が〈1〉本件株式を1億5392万円で売却し、これによる収入につき分離申告課税となるようなスキームを企画提案し、その実現に尽力すること、〈2〉本社土地建物を3億円で売却が実現できるよう尽力すること及び〈3〉原告が会社の代表取締役社長及び取締役を退任する際に退職慰労金として8323万円が支給されるよう尽力するとの内容のコンサルティング契約（以下「本件コンサルティング契約」という。）を締結した。

イ　被告は、本件コンサルティング契約のうち〈1〉を実現するに当たり、専門家としての善管注意義務に基づき、本件株式売買により原告が得る収入につき分離申告課税となるスキームを実現する義務があり、本件資産売却が本件施行令条項に該当しないことについて、少なくとも税務署に対する問合せ

引が実現し、原告が利益を得ることになったため、別途依頼を受けていた平成25年度の税務申告の報酬請求のタイミングで、行った協力行為についての謝礼の様な見返りを受け取れないかと考えたものであって、上記試算や協力行為について委任を受けていたことに基づくものではない。

2　被告が本件資産売却に伴う税額を誤りなく算定すべき義務を負うか及び同義務に違反したか

原告の主張	被告の主張
又は国税局の事前照会を行うべきであった。しかし、被告は、上記義務を怠り、適切な調査をせず、本件資産売却が本件施行令条項に該当するとの誤った判断の下、原告をして本件資産売却を実行させた。	

原告の主張	被告の主張
原告は、平成25年7月ないし8月頃、被告に対し、本件株式の売却価格等の試算を依頼し、被告はこれを引き受けた。これによって、原告と被告との間で、被告が、税理士として、本件資産売却をした場合に原告が負担する税額について誤りなく算定することを内容とする契約を締結した。よって、被告は、本件資産売却について、税理士に求められる善管注意義務の下、誤りなく税額を算定するとともに、本件資産売却が本件施行令条項に該当するかについて十分な法的根拠がないのであれば、本件資産売却の結果、1億5000万円が手元に残らない可能性があることを原告に説明する義務があった。しかるに、被告は、十分な法的根拠もないのに、本件資産売却が本件施行令条項に該当するとの誤った判断に基づいた試算をするとともに、1億5000万円が手元に残らない可能性があることを原告	被告は、原告から相談を受けて、好意で、本件資産売却に関する試算をしただけであり、原告との間で、誤りなくこれによって原告が負担する税額を計算すべき債務を内容とする契約を締結した事実はない。

また、本件資産売却が本件施行令条項に該当するとの被告の判断は、国税局及び国税不服審判所の見解とは違ったが、本件施行令条項にいう「事業の全部の譲受け」に該当するか否かは、社会通念に従った総合的な判断が求められるべきであり、本件資産売却は、原告が営む会社に係る事業を全て一体として同社に譲渡することで、会社は事業承継としての枠組みで融資を受けられるという共通認識の下、取引が行われたものであるから、被告の上記判断には正当性がある。また、平成25年当時、本件施行令条項について定まった解釈はなく、これを明確に示し |

に説明することもしなかった。	た文献、通達等の資料はなかったこと、被告は、税理士の調査で用いられるデータベース及び文献を網羅的に検索し、その結果、分離申告課税の適用がある旨の文献はあったが、これを否定する文献は存在せず、かつ、分離申告課税の適用があると考えることに相当性及び合理性が認められることからすれば、被告の解釈が正当であるか、そうでなかったとしても、被告は当時の状況で必要とされる注意を尽くして検討及び調査を行ったものである。 　以上からすれば、本件資産売却が本件施行令条項に該当すると被告が判断したことは、税理士としての善管注意義務に違反するものではない。

3　損害の有無及びその額並びに因果関係

原告の主張	被告の主張
被告の債務不履行による原告の損害は、次のとおりである。原告は、本件資産売却の結果、1億5000万円程度の現金が手元に残らない可能性があるのであれば、会社の役員を退任することもなく、本件資産売却をすることもなかったのであるから、原告が追納を余儀なくされた税金の額の全部が損害になる。なお、原告が一括弁済をした結果利息の支払を免れたのは、原告自身の選択によるものであって、被告の債務不履行とは無関係で	ア　平成25年当時の状況に照らし、原告において、本件資産売却等を実行する以外の選択肢はなく、手元に1億5000万円が残らない可能性が示されていたとしても、原告は本件資産売却を実行していた。したがって、被告に善管注意義務違反があったとしても、納付が必要となった税金分は、不納付加算税と延滞税を除き、原告が行った取引に基づき本来納付すべき税金であるから、被告の善管注意義務違反とは無関

あるから、支払利息の縮減に伴う利益と原告の損害とを損益相殺する余地はない。

　ア　追納した所得税等
　　　　88万4000円
　　　その延滞税
　　　　2万5300円
　イ　追納した都民税等
　　　　576万0300円
　ウ　源泉徴収所得税及び復興特別所得税
　　　　3103万7583円
　エ　本件コンサルティング契約の報酬として被告に支払った額
　　　　518万7000円（税込み）
　オ　合計　4289万4183円

係である。

　また、原告が被告に支払った報酬相当額についても、実際に取引が成立している以上、善管注意義務違反と相当因果関係のある損害とはいえない。

イ　原告は、本件資産売却によって得た資金で負債を一括返済したことによって利息の支払（合計2412万9396円）を免れた。これについて、被告の善管注意義務違反による損害と損益相殺されるべきである。

判　決

1　争点1（被告が、原告との間でコンサルティング契約を締結し、同契約上の善管注意義務に違反したか）について

(1)　被告は、平成24年秋頃、役員報酬等の増額が困難な状況を踏まえ、原告の収支の問題を解決する一つの提案として、具体的な試算を示した上で本件資産売却や原告が会社の役員を退職し、退職慰労金を受領すること等を提案し、平成25年7月ないし8月頃、原告の要請を受けて本件試算を行うことを引き受け、最終的に原告の手元に残る額が1億4602万4604円となるとの結果を得て、これを原告に説明したこと、原告は、このような説明を踏まえて検討した結果、本件資産売却等を実行することを決め、被告にその実行の協力を依頼し、被告がこれを了承したものである。

(2)　これに関し、原告は、本人尋問（陳述書（甲48）の内容を含む。）におい

て、被告から会社の役員の退職や本件株式等の売却等を提案され、F税理士と相談した結果、今後の人生のために1億5000万円程度が必要だとのアドバイスを得ていたことを受けて、被告に対し、1億5000万円が手元に残るなら話を進めたい旨を依頼したところ、被告は、平成25年6月ないし7月頃、本件書面を持参して、原告の手元に1億4602万4604円が残ることになる企画を提案してきたなどと供述する。

(3) しかし、被告は、会社の顧問税理士であって、原告との間で資産管理契約等を締結したこともなく、原告の個人資産を管理すべき地位にはなかったのであるから、このような被告が、単に本件資産売却等を行った場合の税額等の見通しを示し、その実現に向けて可能な限度で協力することを超えて、原告のために、その手元に1億5000万円が確保される内容の資産売却等の計画を立案し、原告のために金融機関や会社との交渉を引き受けたのであれば、それには日常の業務とは別のものとして相応の時間と労力を要し、これに対する報酬を事前に定め、委任の趣旨を明確にするために契約書を作成するのが通常であると考えられる。しかし、原告と被告との間で、平成25年7月頃の当時、報酬についての協議等はなく、契約書等は作成されていないことに加え、他に原告の上記供述等を裏付ける証拠がないことに照らせば、原告の上記供述等は採用できない。

(4) 以上によれば、原告が、被告に対し、既に提案済みの本件資産売却等の円滑な実行に協力すること以上に、原告の手元に1億5000万円が残るスキームの構築を検討し、これを提案することを依頼し、被告がこれを了承したとの事実を認めることはできない。したがって、原告と被告が、本件コンサルティング契約を締結したとは認められない。

(5) そうすると、本件コンサルティング契約の成立を前提に、被告が同契約上の善管注意義務に違反したとの原告の主張は採用できない。

2 争点2（被告が本件資産売却に伴う税額を誤りなく算定すべき義務を負うか及び同義務に違反したか）について

(1) 原告は、被告に対し、平成25年7月ないし8月頃、本件試算をするように依頼し、被告がこれを了承し、税額計算を含む事務を引き受けたものである。

(2) 税理士は、税務に関する専門家として、独立した公正な立場において、申告納税制度の理念にそって、納税義務者の信頼にこたえ、租税に関する法令に規定された納税義務の適正な実現を図ることを使命とする（税理士法1条）。このような使命に照らし、税理士が、依頼者との間で、一定の事実関係を前提とする申告すべき税額の計算に係る事務をすることを合意した場合には、その合意の性質は委任契約あるいは準委任契約と解されるから善管注意義務を負い（民法644条）、課税要件等に関係する法令等の調査をした上で、適正な税額計算を行って依頼者にその提供すべき義務を負うというべきであり、調査義務を尽くしても上記法令等の内容を確定できず、適正な税額の計算が困難な場合には、その旨を依頼者に説明すべき義務を負うというべきである。

　したがって、被告は、原告に対し、本件試算をするに当たり、上記のような義務を負っていたと認められる。

(3) 被告は、その本人尋問（陳述書（乙6）の内容を含む。）において、飽くまでも好意に基づいて試算の依頼に応じたもので、法的義務を伴う約束はしていない旨を供述する。しかし、税理士である被告が税額計算を伴う試算を引き受けた以上、被告の税理士としての知識・経験・能力を活用して試算をすることが当事者間で当然の前提となっていたものと考えられ、実際に、被告は、平成24年の時点で文献等の調査を行っていること、本件資産売却等は原告にとって以後の収入や支出を左右する重大な決定事項であり、被告としても試算内容がこうした重大な決定に関わることを認識していたこと、被告が、本件資産売却後、本件資産売却等に伴う一連の提案や協力に対する報酬を請求しており、被告は、本件資産売却に伴う一連の活動が、税理士として報酬を請求し得る性格の業務であると認識していたと考えられることに照らせば、被告が本件試算を引き受けた以上、上記税理士としての善管注意義務を尽くす法的義務があったといえる。したがって、上記被告の供述は採用できない。

(4) 次に、本件試算の前提となった、本件資産売却が本件施行令条項に該当するとの被告の判断に誤りがあったかを検討する。

　本件施行令条項にいう「事業の全部の譲受け」について、所得税法及び

所得税法施行令には事業譲渡等の意義を定めた規定は存在しない。一方、会社法467条1項1号ないし4号は事業譲渡等に関して規定しており、これらの規定にいう「事業」とは、一定の事業目的のために組織化され、有機的一体として機能する財産であると解されている。そして、所得税法及び所得税法施行令の規定に鑑みても、会社法の事業と異なる解釈をすべき事情は存在しないことからすれば、本件施行令条項にいう「事業」とは、会社法における事業と同義に解するのが相当である。したがって、上記一定の事業目的のために組織化され、有機的一体として機能する財産の全部の譲受けでないものは、本件施行令条項に該当しないというべきである。

(5) 本件資産売却は、原告が保有していた本社土地建物及び本件株式を会社に売却するものであり、他に売却された財産はないこと、原告は、本社土地建物やその他の不動産を賃貸してその収入を得て、自らは会社の代表取締役として勤務していたものであり、本社土地建物及び本件株式を利用して個人として営業活動を行っていたとは認められないこと、本件株式は会社の発行済み株式の4分の1強の割合にすぎず、原告が会社を完全に支配していた事実もないことに照らせば、本社土地建物及び上記資産が、原告個人の営業目的のために組織化され、有機的一体として機能していたとはおよそ認め難く、他にこれを認めるに足りる証拠はない。そうすると、本件資産売却が、本件施行令条項に該当するということはできない。

(6) そうすると、本件資産売却が本件施行令条項に該当し、本件株式売買による収入が分離申告課税の対象となることを前提とする本件試算は、誤りであったといえる。

(7) 以上を踏まえ、本件試算に当たっての被告の善管注意義務違反の有無を検討するに、被告は、本件試算の時点までに、本件施行令条項の適用如何で税額が大きく異なり、試算結果も異なるものとなることを認識していたこと、被告が調査した結果、本件施行令条項の解釈を明確に示した裁判例、税務当局の見解を示した資料、通説的見解の存在を示す文献等、被告の見解を裏付ける適当な資料を確認できなかったのであるから、本件試算の時点で、本件資産売却が本件施行令条項に該当すると判断する確実な根拠はなく、少なくとも原告に対して、分離課税の対象になるとの試算について

は税務当局から異なる見解が示され、総合課税の対象となる可能性があることを説明するべき義務があったというべきである。

(8) そして、被告は、本件資産売却が本件施行令条項に該当するとの判断に基づいて本件試算を行い、特段の留保をつけずに原告に対してその結果を伝えたのであるから、被告は上記説明義務に違反したといえる。

　被告は、その本人尋問において、本件施行令条項にいう事業に該当しないとの確定的な資料がないから、これに該当するとの判断をしても誤りとはいえないと考えた旨を供述する。しかし、本件資産売却が本件施行令条項に該当することを否定する文献が存在しなかったとしても、「事業の全部の譲受け」との用語からすれば、同じ用語を用いる会社法の解釈を踏まえて判断すべきであることは当然であって、税務の専門家として、本件施行令条項に該当することについて確度の高い資料がないのに、典型的な事業譲渡とはその内容が異なる本件資産売却が本件施行令条項に該当すると判断することは軽率であるといえ、また、本件資産売却が本件施行令条項に該当しなければ原告にとって租税負担が大きくなり、想定外の不利な事態が生じ得る状況であったことに照らせば、被告において、確度の高い根拠がないのに本件資産売却が本件施行令条項に該当すると判断することは、税務の専門家としての注意義務を果たしたものとはいえない。

3　争点3（損害の有無及びその額並びに因果関係）について

(1) 原告が平成25年度の所得税等として実際に賦課された額は、本件試算よりも3192万1583円高く、これに加え、原告は、最終的に1億円程度が手元に残る試算を説明された平成25年4月の時点で、手元に残る金額が少なすぎるなどと言い、本件資産売却の実行をしなかったこと、同年7月ないし8月頃に至って本件試算を依頼し、手元に残る金額を確認していること、被告から最終的に1億5000万円弱が手元に残るとの見通しが示されたことを踏まえ、本件資産売却を実行したと認められる。

(2) 以上によれば、原告は、本件資産売却を実行するか否かについて、手元に残る現金の額を重要な要素と考えており、被告が、原告に対し、上記義務を尽くしていれば、原告は、本件資産売却に先立って、総合課税となる場合には、最終的に手元に残る金額が本件試算よりも3000万円以上も少な

いことを認識したと考えられる。そして、原告が、本件修正申告等の後、被告に対し、損害賠償を求めていることを考え併せれば、原告は、総合課税となる場合の税額等を認識した場合、本件資産売却を行わなかった蓋然性が高いと認めるのが相当である。

(3) 原告が、平成25年当時、借入金の返済に負担を感じ、会社からの報酬額が上げられないことについて不満を持っていたことは認定した事実のとおりであるが、本件資産売却は、借入金の返済の負担は減らす反面、原告の収入を大きく減らすものであることや、本件証拠上、原告が借入金の返済に直ちに窮していたとの事情も認められないからすると、原告が本件資産売却を実行する以外の選択肢はなく、手元に1億5000万円が残らない可能性があっても本件資産売却を実行していたとの事実を認めるに足りる証拠はない。

(4) 上記のとおり、被告が少なくとも上記の説明義務を尽くしていれば、原告は、本件資産売却を実行せず、これを実行したことに伴う納税義務（源泉徴収分を含む。）を負担することはなく、また、過小な確定申告をすることも、本件修正申告等をすることもなかったと考えられる。そうすると、原告が主張する損害のうち、本件修正申告等に伴い追納した所得税等88万4000円及び延滞税2万5300円、追納した都民税等576万0300円、源泉徴収所得税額3103万7583円（合計3770万7183円）について、被告の債務不履行との間に相当因果関係が認められる。

(5) 被告が原告に支払った報酬については、被告が本件資産売却等を含め、本件資産売却等について協力したことに対する報酬として、原告と被告との合意に基づいて支払われたものであり、本件資産売却を実行したことと直接の関係はないこと、本件試算について善管注意義務違反があったものの、被告が本件資産売却のために協力し、最終的に本件資産売却等が実行されるに至ったことに照らせば、原告が被告に対して支払った報酬相当額について、被告の債務不履行によって生じた損害ということはできない。これと異なる原告の主張は採用できない。

(6) 被告主張の損益相殺に関し、原告が本件資産売却によって得た資金で負債を一括返済したことによって利息の支払（合計2412万9396円）を免れた

のは、原告が金融機関に対する債務を弁済した結果により生じたものであって、原告が本件資産売却を実行したことによって直接生じたものではない。そうすると、上記支払の原資が本件資産売却によって得たものであるとしても、上記支払利息の減縮が、被告の債務不履行によって生じたものということはできず、被告の債務不履行によって生じた損害との間で損益相殺をすることは相当でない。

解　説

1　事案の概要

　本件は、原告が、自身が経営する会社の株式等の資産を同社に売却するに際し、税理士である被告に対し、誤りなく税額を算定すべき義務がありながらこれに反したことから、許容していた以上の租税債務を負担することになったとして損害賠償請求した事案であり、税理士の損害賠償責任が認められた。

2　本件における争点

(1)　本件の争点は、以下の3点である。
　　1　被告が、原告との間でコンサルティング契約を締結し、同契約上の善管注意義務に違反したか（争点1）
　　2　被告が本件資産売却に伴う税額を誤りなく算定すべき義務を負うか及び同義務に違反したか（争点2）
　　3　損害の有無及びその額並びに因果関係
(2)　争点1について、裁判所は、否定した。
　　争点2について、裁判所は、税理士である被告が税額計算を伴う試算を引き受けた以上、被告の税理士としての知識・経験・能力を活用して試算をすることが当事者間で当然の前提となっていたものと考えられることから、誤りなく税額を算定すべき義務があったとして、税額の算定を誤ったこと、及び原告に将来生ずる可能性のある不利益について説明助言をしなかったこと

から、注意義務違反を認定した。
(3) 争点3について、裁判所は、被告の助言がなければ原告は資産の売却をしなかったと認定して、損害及び因果関係を認めた。

3 契約の成立と善管注意義務

(1) 本件で、原告は、被告税理士との間で、本件株式の売却収入にかかる所得税の申告が分離課税となることなどを内容とするコンサルティング契約が成立していたと主張したが、裁判所は、これを否定した。

本件では、契約書が締結されていないが、契約書が存在しない場合には、契約が成立していたかどうか、また、契約が成立していた場合に、どのような合意があったのかについては、間接事実を積み上げて事実認定することになる。

この点に関し、裁判所は、「被告は、会社の顧問税理士であって、原告との間で資産管理契約等を締結したこともなく、原告の個人資産を管理すべき地位にはなかったのであるから、このような被告が、単に本件資産売却等を行った場合の税額等の見通しを示し、その実現に向けて可能な限度で協力することを超えて、原告のために、その手元に1億5000万円が確保される内容の資産売却等の計画を立案し、原告のために金融機関や会社との交渉を引き受けたのであれば、それには日常の業務とは別のものとして相応の時間と労力を要し、これに対する報酬を事前に定め、委任の趣旨を明確にするために契約書を作成するのが通常であると考えられる。しかし、原告と被告との間で、平成25年7月頃の当時、報酬についての協議等はなく、契約書等は作成されていないことに加え、他に原告の上記供述等を裏付ける証拠がないことに照らせば、原告の上記供述等は採用できない。」と判断した。重要な契約の場合には、契約書が作成されていないことが契約の存在を否定する一つの理由とされている。

(2) 次に、原告は、被告は本件資産売却に伴う税額を誤りなく算定すべき義務を負うと主張した。これに対し、被告は、「好意」で試算したものであり委任契約の成立を否認した。この点に関し、裁判所は、「税理士が、依頼者と

の間で、一定の事実関係を前提とする申告すべき税額の計算に係る事務をすることを合意した場合には、その合意の性質は委任契約あるいは準委任契約と解されるから善管注意義務を負い（民法644条）、課税要件等に関係する法令等の調査をした上で、適正な税額計算を行って依頼者にその提供すべき義務を負うというべきであり、調査義務を尽くしても上記法令等の内容を確定できず、適正な税額の計算が困難な場合には、その旨を依頼者に説明すべき義務を負うというべきである」と判示した。

過去の裁判例には、被告税理士が、相続税の修正申告に関し、「好意かつ無報酬」で行ったものであると主張したのに対し、東京高裁平成7年6月19日判決（判例時報1540・48頁）は、「税理士が委任状を徴求し、申告代理をした以上、報酬の有無を問わず、委任契約が成立する」と判示した。契約書がなかったとしても、税理士が、具体的な税理士業務を行うことを合意した場合には、委任契約が成立する可能性が高い。

民法第648条1項は、「受任者は、特約がなければ、委任者に対して報酬を請求することができない。」と規定し、委任契約は無報酬が原則であると定めている。したがって、無報酬を理由に委任契約の成立を否定するのは難しいと認識しておくことも必要である。

4　回避ポイント

(1)　本件で、被告税理士は、本件資産の売却が、所得税法施行令第61条1項4号の「事業の全部の譲受け」に該当すると解釈した。

この点に関し、税理士は、日本税理士連合会のデータベースを利用して、本件施行令条項の解釈に関する調査を行ったが、所有する株式全部を売却した場合にまでみなし配当として課税するのはひどいと考える旨が記載された文献1点を除き、明確な結論を示した裁判例や文献を発見することはできなかったとのことである。

裁判所は、「本件試算の時点で、本件資産売却が本件施行令条項に該当すると判断する確実な根拠はなく、少なくとも原告に対して、分離課税の対象になるとの試算については税務当局から異なる見解が示され、総合課税の対

象となる可能性があることを説明するべき義務があったというべきである。」と判示した。

(2) 裁判所は、本件施行令条項にいう「事業の全部の譲受け」について、「所得税法及び所得税法施行令には事業譲渡等の意義を定めた規定は存在しない。一方、会社法467条1項1号ないし4号は事業譲渡等に関して規定しており、これらの規定にいう「事業」とは、一定の事業目的のために組織化され、有機的一体として機能する財産であると解されている。そして、所得税法及び所得税法施行令の規定に鑑みても、会社法の事業と異なる解釈をすべき事情は存在しないことからすれば、本件施行令条項にいう「事業」とは、会社法における事業と同義に解するのが相当である。したがって、上記一定の事業目的のために組織化され、有機的一体として機能する財産の全部の譲受けでないものは、本件施行令条項に該当しないというべきである。」と判示した。そして、本件資産の売却は、「事業の全部の譲受け」に該当しないとした。

　法律で用いられている用語をどのように解釈すべきかについては、借用概念と固有概念というものがある。借用概念とは、他の法分野で用いられている概念であり、固有概念とは、他の法分野では用いられておらず、租税法が独自に用いている概念である。本件で所得税法関係法令に「事業の全部の譲受け」の意義を定めた規定があれば、固有概念となり、独自の解釈をすることになる。しかし、所得税法関係法令に「事業の全部の譲受け」の意義を定めた規定がなく、会社法において用いられる概念なのであれば、借用概念として、原則として、会社法における解釈と同義に解釈することになる。

　最高裁平成23年2月18日判決（訴訟月59巻3号864頁、百選第6版14事件）の武富士事件は、「住所」の意義が争われた事案であるが、最高裁は、「法1条の2によれば、贈与により取得した財産が国外にあるものである場合には、受贈者が当該贈与を受けた時において国内に住所を有することが、当該贈与についての贈与税の課税要件とされているところ、ここにいう住所とは、反対の解釈をすべき特段の事由はない以上、生活の本拠、すなわち、その者の生活に最も関係の深い一般的生活、全生活の中心を指すものであり、一定の場所がある者の住所であるか否かは、客観的に生活の本拠たる実体を具備し

ているか否かにより決すべきものと解するのが相当である」「法が民法上の概念である『住所』を用いて課税要件を定めているため、本件の争点が上記『住所』概念の解釈適用の問題となることから導かれる帰結であるといわざるを得ず、他方、贈与税回避を可能にする状況を整えるためにあえて国外に長期の滞在をするという行為が課税実務上想定されていなかった事態であり、このような方法による贈与税回避を容認することが適当でないというのであれば、法の解釈では限界があるので、そのような事態に対応できるような立法によって対処すべき」と判示した。

　本件では、この解釈の誤りが勝敗を分けた1つのポイントである。

(3)　本件では、解釈を誤ったとしても、損害賠償責任を回避できた可能性がある。被告は、本件試算の時点で、本件資産売却が本件施行令条項に該当すると判断する確実な根拠はなかったので、税理士としては、当然、将来、税務調査があり、分離課税の対象になるとの試算については税務当局から異なる見解が示され、総合課税の対象となる可能性があることを認識し得たはずである。そうであれば、将来原告に生ずべきリスクについては、原告に説明し、よく理解を得た上で、本件処理をすべきであったといえる。

　そして、原告が、将来の課税リスクを理解した上、自らの判断と責任において本件税務処理を選択する、ということであれば、「債務免除確認書」などを得ることによって、税理士の損害賠償責任を回避できる可能性があったといえる。

経費の架空計上に係る税務上の適切な助言・指導の懈怠
（税理士勝訴）

東京地裁令和3年8月4日判決（D1-Law.com　29065956）

　　経費の架空計上をしていた原告が、被告は税務上の適切な助言や指導をすべき義務を負っていたにもかかわらず、これを怠ったため、重加算税等を課せられたとして、損害賠償請求をした事例。

事　案

(1)　原告は、データベース及びウェブシステムの開発等を目的とする株式会社である。
　　被告は、公認会計士兼税理士である。B、Cは、被告事務所の従業員である。
　　原告と被告は、平成19年11月1日、以下を内容とする税務顧問契約を締結した。
　　税務顧問契約の内容は、以下のとおりであった。
(ｱ)　原告の法人税、所得税、住民税及び消費税の税務代理並びに税務書類の作成業務
(ｲ)　税務相談
(ｳ)　原告の資料提供の不足、誤りに基づく不利益は原告において負担する。
(ｴ)　原告の資料等の提示に誤り又は虚偽があったことにより、第三者又は被告自身が受けた損害については原告がその責任を負う。
(2)　原告代表者の知人Eは、原告代表者に対し、平成22年下半期頃、イーシーフォーと称する会社から原告に対して架空の請求書を発行するから、原告において同請求書を用いて経費を計上し確定申告をしてはどうかと提案した。

原告代表者は、原告の税負担を減らしたいと考え、Ｅの提案に応じることとし、請求書及び報酬相当額を差し引いた現金を受領するとともに、イーシーフォーに対して上記請求書記載の金額を送金し、その後も継続した。
(3) 東京地方裁判所は、平成29年８月28日、脱税の罪で、原告に対しては罰金350万円の、原告代表者に対しては懲役１年（ただし、３年間刑の執行を猶予する。）の、各刑に処するとの判決を宣告した。原告及び原告代表者は、同判決に対して控訴をしなかったため、上記判決が確定した。

　Ｄ税務署長は、原告に対し、平成30年５月15日付けで、消費税、地方消費税、法人税及び復興特別法人税に係る過少申告加算税、重加算税の賦課決定をした。

争　点

被告に原告の不適正な処理に対する是正助言義務違反があったか。

争点に対する双方の主張

被告に原告の不適正な処理に対する是正助言義務違反があったか。

原告の主張	被告の主張
(1)　税務申告に関する事務処理を依頼された税理士は、税務の専門家として善良な管理者の注意をもって上記事務処理を行うべき義務を負う。かかる義務には、税務に関する法令及び実務に関する専門知識に従い、適切な税務申告がされるよう依頼者に対し助言や指導を行うこと、依頼者からの指示や提案に不適切な点があればこれを指摘すること、並びに、依頼者から提供された	ア　必要経費の偽造に関する主張について 　被告は、原告代表者から質問を受けたことはなく、節税となる旨の回答をしたこともない。Ｂは、原告代表者に対し、Ｅが用意した請求書や領収書等により経費を計上することについて、まずいですよなどと指摘したものの、原告代表者がこれを経費として計上するよう強要したため、やむなく経費と

資料の内容を精査し、不適切な点があればこれを指摘することまで含まれるというべきである。

(ｱ) 必要経費の偽造

原告代表者は、平成24年3月頃、知人のEから、Eが用意する領収書や請求書を利用して節税ができるといった提案を受けた。

上記節税方法が税務上許容されないものであることは明白であるにもかかわらず、Bは、上記節税方法の当否につき質問をした原告代表者に対し、領収書に関しては違法性がなく、請求書に関しては相手の会社がきちんと売上げとして計上していれば問題ないなどと述べ、Cと共に、Eの用意した領収書や請求書を用いて必要経費として計上していたものであって、明らかに上記義務に違反した。

なお、B及びCは、原告を指導するどころか、Eと連絡をとり、Eが用意する領収書や請求書を集計し必要経費として計上していたのであるから、明らかに上記義務に違反した。

(ｲ) 旅費交通費に関する課税仕入れの偽造

Bは、原告代表者に対し、平成21年1月頃、旅費交通費について、原告の規模なら年間150万円程度を経して計上したものである。

イ 旅費交通費に関する課税仕入れの偽造に関する主張について

会社の事業内容や社員数から、一定程度、旅費交通費の支出の予測ができるため、支出に係る証憑がなくても、税務実務上、ある程度の旅費交通費の計上が認められている。しかしながら、原告は、支出に係る証憑が十分でないにもかかわらず、B及びCに対し、旅費交通費の過大計上を指示したものである。

ウ 被告の責任について

原告代表者は、B及びCに対し、メールにより架空経費を計上するよう指示していた。被告は、当該やり取りを含め、原告において架空の計上を行おうとしていたことを知らなかったのであるから、被告には何ら義務違反はない。

また、B及びCが被告の履行補助者であって、被告に何らかの監督責任があるとしても、原告が賦課決定を受けたのは、前記アで主張したとおり原告の違法な指示に基づくのであって、被告に義務違反はない。

さらに、原告代表者は、B及びCに対し、Eから買い取った領収書などの誤った資料を提供して確定申告業務を強要したのであるから、本件契約における資料の提示及び責任と題する条

費として計上できると述べた。これを受け、原告は、B及びCに会計を一任していたところ、B及びCは、原告のあずかり知らぬところで旅費交通費について架空の計上をし、それに基づき確定申告をしていた。

かかるB及びCの行為は、税務上許されないものであることは明らかであり、明白に上記義務に違反した。

(ウ) 被告の義務違反

被告は、B及びCを雇用し、業務の一端を担わせ利益を得ているのであるから、B及びCは、被告の履行補助者であるといえる。したがって、B及びCの上記義務違反は、被告の義務違反となる。

項に基づき、被告が責任を負うことはない。

判　決

1　税理士は、税務に関する専門家として、独立した公正な立場において、申告納税制度の理念に沿って、納税義務者の信頼にこたえ、租税に関する法令に規定された納税義務の適正な実現を図ることを使命とする(税理士法1条)。そして、税理士は、上記使命に照らし、不正に税の賦課を免れることにつき指示をしてはならないことはもちろんのこと（同36条)、委嘱者が不正に税の賦課を免れ、又は免れようとしているときには、直ちにこれを是正するよう助言しなければならないとされている（同41条の3）。

上記税理士法の各規定からすれば、税務申告を受任した税理士は、その委任契約に伴う善管注意義務として、その専門的知見に基づき委任の趣旨に沿

うよう、適切な助言や指導を行いながら税務申告をすべき義務を負うというべきである。

　また、税理士は、税理士業務を行うに当たって従業員を使用するときは、税理士業務の適正な遂行に欠けることのないよう当該従業員を監督しなければならないとされている（同41条の2）のであるから、上記税務申告を行うに当たって従業員を使用するときは、上記善管注意義務として適切に従業員を監督すべき義務を負うというべきである。

2　義務違反の有無について
　ア　原告代表者は、〈1〉Eに報酬を支払い架空の請求書を発行させるとともに、Cをして同請求書を用いて架空の広告宣伝費を計上させ、〈2〉Cに対し、Eから購入した領収書を交付するとともに、B及びCに対して、同領収書を用いて原告の経費として計上するよう指示し、B及びCをして架空の経費を計上させ、〈3〉Bに対し、架空の旅費交通費を計上するよう指示し、Bをして架空の旅費交通費を計上させ、原告の各事業年度における利益の額を仮装又は隠蔽していたというのである。これらのことからすれば、原告代表者は、原告における架空経費の計上について、B及びCに対して指示をするなどして主体的に行っていたと認められる。

　　そして、第三者に報酬を支払い架空の請求書を発行させ、これを用いて経費の計上をすること、第三者から領収書を購入して、これを用いて経費の計上をすること、取引事実がないにもかかわらず旅費交通費を経費として計上することのいずれも、虚偽の経費の計上にほかならず、これらが税務上許されないものであることは特段の専門的知見を有せずとも容易に認識できるところである。そうであれば、原告代表者は、違法であることを認識しながら、上記のとおりの架空の経費の計上を行うよう、B及びCに指示をしたものと認められる。

　イ　原告代表者は、架空の請求書や領収書を用いて経費の計上をすることの当否につき、Bに問い合わせたところ、Bが問題ないなどと述べたため、架空の請求書や領収書を用いて経費を計上することについて違法ではないと考えていたなどと供述する。しかしながら、前記認定事実及び証拠（甲17、乙5ないし8、原告代表者本人）によれば、原告代表者は、被疑者とし

て取調べを受けている段階から一貫して被疑事実を認めており、刑事裁判の公判廷においても、前記認定事実記載の事実を認め、反省の情を示し、加えて、前記認定事実のとおり、原告は、上記刑事裁判の判決宣告後にされた本件各賦課決定に対しても、何らの不服を申し立てなかったというのである。これらのことからすれば、原告代表者は、架空の請求書や領収書を用いて経費を計上することが違法であると認識していたことが優に認められ、原告代表者の上記供述は採用することができない。

ウ　原告代表者は、架空の経費の計上が違法であることを認識しながら、あえて、B及びCに対し、虚偽の領収書等の準備をしてまでも、架空の経費の計上を指示するなどして不正に税の賦課を免れようとしたところ、Bが原告代表者に対して架空の経費の計上はまずいなどと告げ、その是正を促したが、原告代表者が、領収書があるからいいではないかなどと述べて重ねて架空の経費の計上を指示したという事実関係が認められる。このような事実関係に加えて、本件契約には原告が被告に提供する資料に不足や誤りがあった場合の不利益については原告が負担するとされていることからすれば、一般的に税理士が負う善管注意義務の内容を踏まえても、B及びCが、自らの意思で主体的に脱税を試みる原告に対し、是正を求め、架空の経費計上を拒絶するなどの対応をとらなかったことをもって、被告の原告に対する本件契約に基づく善管注意義務の違反があったということはできない。

解　説

1　事案の概要

本件は、経費の架空計上をしていた原告が、被告は税務上の適切な助言や指導をすべき義務を負っていたにもかかわらず、これを怠ったため、重加算税等を課せられたとして、損害賠償請求をした事案である。

2　本件における争点

被告に原告の不適正な処理に対する是正助言義務違反があったか。

争点について、裁判所は、原告代表者が架空経費を計上するよう被告の職員に指示したのに対し、職員からその是正を求められたにもかかわらず、重ねて架空経費計上を指示したことから、被告の是正助言義務違反はないと判断した。

3　不適正処理是正義務と懲戒処分

(1)　本件は、原告が架空経費の計上を会計事務所の職員に対して指示し、職員がそれに応じた事案において、税理士の善管注意義務違反が問われたものである。裁判所はこれを否定した。ここでは、会計事務所の職員が脱税に関与した場合の問題点について検討する。

(2)　税理士法41条の3は、「税理士は、税理士業務を行うに当たつて、委嘱者が不正に国税若しくは地方税の賦課若しくは徴収を免れている事実、不正に国税若しくは地方税の還付を受けている事実又は国税若しくは地方税の課税標準等の計算の基礎となるべき事実の全部若しくは一部を隠ぺいし、若しくは仮装している事実があることを知つたときは、直ちに、その是正をするよう助言しなければならない。」と規定し、税理士は、納税者の不適正な処理を知った時は、これを是正するよう助言すべき義務を定めている。

本件で、税理士は原告と直接関与せず、従業者が関与している。この点、税理士法41条の2は、「税理士は、税理士業務を行うため使用人その他の従業者を使用するときは、税理士業務の適正な遂行に欠けるところのないよう当該使用人その他の従業者を監督しなければならない。」と規定し、使用人に対する監督義務を規定している。

本件では、職員が架空経費の計上をすることによって、不真正な税務書類が作成された。

税理士法45条は、次のとおり定めている。

「1　財務大臣は、税理士が、故意に、真正の事実に反して税務代理若しくは税務書類の作成をしたとき、又は第三十六条の規定に違反する行為

をしたときは、二年以内の税理士業務の停止又は税理士業務の禁止の処分をすることができる。
　2　財務大臣は、税理士が、相当の注意を怠り、前項に規定する行為をしたときは、戒告又は二年以内の税理士業務の停止の処分をすることができる。」

　すなわち、本件は、税理士損害賠償の他に、税理士の懲戒処分の問題を含んでいることになる。

(3)　税理士が、故意に不真正な税務書類を作成した場合には、税理士法45条1項により懲戒処分を受ける可能性がある。では、会計事務所の職員が不正を行った場合には、どのようになるのか。

　国税庁が公表している「第2　税理士の使用人等が不正行為を行った場合の使用者である税理士等に対する懲戒処分」によると、以下のとおりと定められている。

1　税理士又は税理士法人の使用人その他の従業者（自ら委嘱を受けて税理士業務に従事する場合の所属税理士を除く。以下「使用人等」という。）が不正行為を行った場合における、使用者である税理士又は使用者である税理士法人の社員税理士（以下「使用者税理士等」という。）に対する懲戒処分は、次に掲げるところによるものとする。
　(1)　使用人等の不正行為を使用者税理士等が認識していたときは、当該使用者税理士等がその不正行為を行ったものとして懲戒処分をする。
　(2)　使用人等の不正行為を使用者税理士等が認識していなかったときは、内部規律や内部管理体制に不備があること等の事由により、認識できなかったことについて当該使用者税理士等に相当の責任があると認められる場合には、当該使用者税理士等が過失によりその不正行為を行ったものとして懲戒処分をする。
　　なお、上記に該当しないときでも、使用人等が不正行為を行ったことについて使用者税理士等の監督が適切でなかったと認められる場合には、当該使用者税理士等が法第41条の2（使用人等に対する監督義務）の規定に違反したものとして懲戒処分をする。

本件で、税理士が職員の不正行為を認識していたかどうかは明らかでないが、認識していない場合でも、内部規律や内部管理体制に不備があること等の事由により、認識できなかったことについて当該使用者税理士等に相当の責任があると認められる場合には、懲戒処分を受ける可能性がある。

本件で、B及びCは、原告から架空経費の計上を指示されたのであるから、内部規律や内部管理体制が整備されていれば、使用者である税理士に相談し、指示をあおぐのが一般的であると思われる。それがされず、B及びCのみで架空経費の計上の可否を判断し、処理をしているということであれば、使用者税理士に相当の責任があると判断される可能性もあると思われる。

4　回避ポイント

(1)　本件で、裁判所は、(ア)原告代表者が、架空の経費の計上が違法であることを認識しながら、あえて、B及びCに対し、虚偽の領収書等の準備をしてまでも、架空の経費の計上を指示するなどして不正に税の賦課を免れようとしたこと、(イ)Bが原告代表者に対して架空の経費の計上はまずいなどと告げ、その是正を促したが、原告代表者が、領収書があるからいいではないかなどと述べて重ねて架空の経費の計上を指示したこと、(ウ)本件契約には原告が被告に提供する資料に不足や誤りがあった場合の不利益については原告が負担するとされていること、などから、税理士の善管注意義務違反を否定した。しかし、この判断を一般化することはできないと思われる。なぜなら、前述のように、B及びCは、原告代表者から架空経費の計上を指示された場合には、被告税理士に相談し、その指示をあおぐべきであり、税理士が架空経費の計上を拒否し、それでも原告代表者が架空経費の計上を強要するようであれば、顧問契約を解除する、という方法を選択することができるからであり、本来、そうすべきと考えるからである。

(2)　前橋地裁平成14年12月6日判決（TAINS　Z999-0062）は、建材業を営む原告A、Bらは、被告である税理士に所得税等の確定申告手続の代理を委任し、被告は被告事務所の職員であるCを履行補助者として業務に当たらせたところ、原告Aは現金出納帳、預金通帳、請求書、領収書等の原始記録

を一切提示せず、前年度の申告書の控えと保険料の控除証明書のみを提示して前年度と同様に申告するよう要請したので、Cは原始資料の提示を求めた。しかし、原告らがこれに応じないため、やむなく原告らから指示されるままに申告を行った、という事案である。

この事案において、裁判所は、Cが、原告らに対して、同人の指示通りの申告をした場合に、原告らが重加算税や延滞税などを課される危険があることを説明しなかったことをもって注意義務違反を認定し、税理士に損害賠償を命じた。

但し、原告らに9割の過失相殺を認めている。

委任契約書の責任制限条項の有効性
（税理士敗訴）

横浜地裁令和2年6月11日判決（TAINS　Z999-0178）

> 相続税申告において、小規模宅地等の特例の不適用に基づく損害賠償の事案で、委任契約書の責任制限条項が消費者契約法10条により無効とされた事例。

事　案

(1)　原告ら3名は、いずれも被相続人の子であり、被相続人は、平成28年11月▲日に死亡し、同日、被相続人についての相続（以下「本件相続」という。）が開始した。

被告は、横浜市に主たる事務所を置く税理士法人である。

(2)　原告らは、被告との間で、平成28年12月16日、本件相続につき、以下の内容の相続税申告に関する委任契約（以下「本件契約」という。）を締結した。

　㋐　委任事項

本件相続に関する税務代理、税務相談及び税務書類の作成（相続税申告書、延納申請書及び物納申請書）。

　㋑　責任制限条項

受任者（被告）が本件契約に基づいて行った上記㋐の業務について、受任者の過失により委任者（原告ら）が損害を受けたときは、受任者は委任者より既に受けた本件相続に係る報酬の額を上限として損害を負担するものとし、委任者はその余の請求を放棄する〔相続税申告委任契約書第9条（以下「本件責任制限条項」という。）〕。

被告は、本件契約に係る業務を遂行し、平成29年9月11日頃、相続税申告（以下「当初申告」という。）を、同年12月14日頃、修正申告を、それぞれ代理して行い、原告らに、相続税本税額として合計2億8850万6900円（当

初申告 2 億8810万0700円及び修正申告40万6200円の合計）を納付させた（以下、当初申告及び修正申告を併せて「本件申告」という。）。

原告 X 2 は、被告に対し、本件契約の報酬350万3600円を支払った。

(3) 本件相続に係る被相続人の相続財産には、複数の不動産が存在したところ、本件土地には、被相続人の所有する建物（以下「本件建物」という。）が存在し、本件建物は、平成28年11月17日の本件相続開始以前から、原告 X 2 が全ての株式を保有し、内装工事の施工等を目的とする有限会社 B（以下「B」という。）の会社社屋として利用され、本件土地はその敷地として利用されていた。

被相続人は、その生前の同年10月31日、B に対し、本件建物を、賃貸期間を同年11月 1 日から平成30年10月31日まで、賃料を月額22万5000円、駐車場利用料を月額 4 万円とする約定により賃貸した（以下「本件賃貸借契約」という。）。

本件賃貸借契約は、平成28年夏頃、被相続人及び原告 X 2 らが被相続人の余命が 1 年ほどである旨の宣告を医師から受けたことをきっかけに、いわゆる相続税対策の一環として、原告 X 2 が税理士と相談の上、被相続人の相続の際、本件土地について、租税特別措置法69条の 4 の定める小規模宅地等についての相続税の課税価格の計算の特例（以下「小規模宅地等の特例」という。）の適用による評価減を受けることをその動機の一つとして、被相続人とも相談の上、締結したものであった。

本件賃貸借契約締結後、本件土地については、B の代表取締役である原告 X 2 が相続により所有権を取得した後、相続開始の時から相続税の申告期限まで引き続き保有し、かつ、申告期限まで引き続き B の会社社屋の敷地として利用されていた。

被告は、原告らを代理して本件申告を行うに際し、事前に、原告らから、本件賃貸借契約の賃貸借契約書の写しを含む関係書類を受け取り、また、原告 X 2 から、本件賃貸借契約の借主である B の株式は全て原告 X 2 が保有している旨を聞いていたが、本件土地について、小規模宅地等の特例の適用による評価減をすることなく、本件土地の価額の全額を被相続人に係る相続税の課税価格に算入して、本件申告を行った。

(4) 原告らは、被告の行った相続税申告に係る業務には、相続財産中の一部の土地につき、租税特別措置法上の小規模宅地等の特例の適用の可否を検討せず、その適用を誤った過失があり、その結果、原告らにおいて本来納付すべき税額より過大な相続税額の納付を余儀なくされて損害を受けたと主張して、被告に対し、債務不履行又は不法行為に基づき、過大に納付した分の税額、慰謝料及び弁護士費用相当額等の損害賠償並びにこれに対する遅延損害金の支払を求めて出訴した。

争　点

1　被告の本件契約上の債務不履行ないし不法行為上の過失の有無（本件申告に際し、本件土地に小規模宅地等の特例の適用をしなかったことの適否）
2　本件責任制限条項の有効性

争点に対する双方の主張

1　被告の本件契約上の債務不履行ないし不法行為上の過失の有無（本件申告に際し、本件土地に小規模宅地等の特例の適用をしなかったことの適否）

原告の主張	被告の主張
(1)　被告は、本件契約を締結し、税理士法人として税務代理の依頼を受けた以上、原告らの相続税額が最も低くなるよう、事実関係及び関係法令を正しく調査した上で、これを正しく解釈、適用しつつ、税務代理業務を遂行すべき注意義務を負っていた。 　それにもかかわらず、被告は、以下に述べるとおり、特定同族会社事業用宅地等（租税特別措置法69条の4第3	(1)　本件土地について、小規模宅地等の特例の適用の要件は満たされておらず、本件土地について同特例を適用することはできないから、被告に、小規模宅地等の特例を適用すべき注意義務はなく、債務不履行も不法行為上の過失も存在しない。 (2)　本件土地について、小規模宅地等の特例が適用されるためには、本件賃貸借契約が上記の要件①にいう、事業又

項3号）として小規模宅地等の特例による評価減を受けられる土地であった本件土地につき、同評価減の適用可能性を調査せず、しかも、その適用を誤って看過したまま本件申告を行い、原告らに、相続税額として過大な金員を納付させ、同評価減を受けることのできる地位を確定的に喪失させた。

　被告のこのような注意義務違反は、本件契約の債務不履行に当たり、また、不法行為となる。

(2)　前記を踏まえて、本件相続につき、本件土地の上記要件該当性を検討すると、相続の直前において、①被相続人は、Bに対し、本件建物を目的物として賃貸借契約を結び、税理士のアドバイスを受けて適正賃料となるよう賃料月額22万5000円、駐車場分月額4万円との相当の対価を得て、賃貸期間を同年11月1日から平成30年10月31日までの2年間かつ自動更新条項付として、長期間にわたる賃貸を予定して継続的に不動産の貸付行為を行っていたのであり、これは上記①の事業又は少なくとも準事業に該当し、本件土地は、事業又は準事業の用に供されている宅地等に該当する。

　そして、本件土地については、その他の小規模宅地等の特例の適用の要件も全て満たされているから、被告は、本件土地について、特定同族会社事業は準事業に該当することが必要であるところ、本件賃貸借契約は、そのいずれにも該当しないから、本件土地について、小規模宅地等の特例は適用されない。

　すなわち、事業該当性について、要件①にいう事業に当たるためには、営利性・有償性、及び、継続性・反復性が必要であると解されるところ、本件土地について、Bから被相続人に対しては、平成12年8月から平成28年10月まで、地代家賃は一切支払われておらず、被相続人の死亡直前になり、突如として「賃貸借契約」との体裁が整えられただけであって、被相続人とBとの間では、使用貸借に係る合意しかなかったといえ、営利性・有償性を欠いている。また、本件建物について、実際に賃料が支払われたのは相続開始後であり、租税回避的趣旨で行われたものにほかならず、事業としての継続性・反復性を基礎付ける事由にはならず、Bの本店所在地が被相続人及び代表者である原告X2の自宅であることからも、事業性は認められない。

　また、準事業該当性について、準事業とは、「事業と称するに至らない不動産の貸付けその他これに類する行為で、相当の対価を得て継続的に行うもの」であるところ、ここでいう「相当の対価を得て」とは、貸付け等の用に

用宅地等として小規模宅地等の特例を適用すべきであった。
(3) 被告は、相続開始の直前において、相当の対価が実際に支払われたことがなかったことをもって、準事業該当性を否定するが、上記のとおり、本件賃貸借契約においては、税理士に相談した上で、適正賃料が定められており、本件賃貸借契約に基づき、被相続人のBに対する賃料債権が現実に発生していたから、相当の対価を現実に得ており、準事業該当性が認められる。

供している資産の賃貸料が、付け等の用に供している資産の固定資産税その他の必要経費を回収した後において、相当の利益を生ずるような対価を得ていることであり、かつ、相当の対価を得ていたかどうかについては、相続開始の直前において、相当の対価を現実に得ていたかどうかという客観的事実により判断するべきである。本件では、相続開始の直前、被相続人に対し、Bから全く対価が支払われておらず、「相当の対価を得て」いたということはできず、地代の収受が「継続的に」行われた事実もないから、本件賃貸借契約は準事業にも該当しない。

原告らは、相続開始前に賃料債権が発生していたことを理由に、相当の対価を現実に得ていたと主張するが、相当の対価を「現実に」得ていたというためには、債権の発生だけでなく、賃貸人・賃借人間で現実の金銭の移動が必要であると解されるから、本件賃貸借契約は準事業に該当しない。

2 本件責任制限条項の有効性

原告の主張	被告の主張
(1) 本件責任制限条項は、任意規定である債務不履行ないし不法行為に基づく損害賠償に関する規定の適用場面である原告らから被告への損害賠償につ	(1) 仮に、被告に損害賠償責任が生じるとしても、被告の賠償すべき金額は、本件責任制限条項により、被告が原告らから支払を受けた報酬額である350

き、賠償額の上限を設け、原告らの損害賠償請求権を制限するものである。

そして、本件責任制限条項については、①消費者である委任者（原告ら）にどれだけ多くの損害が発生しても、事業者である受任者（被告）の負担すべき損害賠償額を受任者の受けた報酬の額を限度に制限するものであり、一般に、相続税の場合、納税額が高額になる傾向がある（すなわち損害額も高額になりやすい）ことを踏まえると委任者の負担によって受任者が免れるリスクが過大であること、②本件契約は、税務に関する特別な知識を持たない一般市民である原告らが税務の専門家である被告に対し、税務代理を委任する契約であり、原告らと被告との情報の量及び質、交渉力等において、被告が圧倒的に優位であること、③本件契約の締結過程において、本件責任制限条項の具体的効果の説明が一切されていないこと、④本件において、本件責任制限条項を適用すると、原告らの損害が少なくとも2448万3385円に上るのに対し、被告の負担すべき賠償額は350万3600円にすぎないこととなり、適用結果が不当であること、等に鑑みると、民法1条2項に規定する基本原則（信義則）に反して消費者の利益を一方的に害するものということができるから、本件責任制限条項は、消費者契約

万3600円の限度に制限される。

そして、以下のとおり、本件責任制限条項は無効とはいえない。

本件責任制限条項は、信義則に反して消費者の利益を一方的に害するものとはいえないから、消費者契約法10条により無効とはならない。

すなわち、①本件責任制限条項は、損害賠償額の上限を既払報酬額とするものであるが、報酬額を大きく超える損害賠償請求権が生じるケースというのは極めて稀であること、②被告は、本件契約の締結に当たり、原告らに対し、本件責任制限条項について適切な読み聞かせ、説明を行っていること、③原告X2は、会社経営者であり、契約書の取り交わしについて、知識も経験も有していると解され、従前から税理士に相談するなどしており、セカンドオピニオンが得られる仕組みができているなど、情報の質及び量や、交渉力の格差はなかったこと、等を踏まえると、本件責任制限条項が信義則に反して消費者の利益を一方的に害するものとはいえないから、本件責任制限条項が消費者契約法10条により無効となることはなく、本件責任制限条項は有効である。

(2) また、被告に重過失があるとの主張について、上記のとおり、被告には過失がない以上、重過失も存在しない。

法10条により、全部無効である。
(2) 仮に、本件責任制限条項が全部無効とはならない場合であっても、消費者契約法8条1項2号により、本件責任制限条項のうち、被告に重過失がある場合にも損害賠償責任を制限している部分は無効であるところ、被告は、相続税の申告分野において利用頻度が非常に多い特例の適用可能性について、原告らから事前に適用の可否の判断に必要な資料を交付され、原告X2から、申告前に小規模宅地等の特例の適用結果等を表にするよう何度も求められていたにもかかわらず、同特例の適用可能性を事前に検討すらしなかったものであって、本件相続の発生時期が同特例の改正が行われたばかりの時期で、かつ、当該改正が関係する内容であったことも踏まえると、被告には、重過失があったといえるから、原告らの損害賠償請求は本件責任制限条項により制限されない。

仮に、本件申告において小規模宅地等の特例の適用をすべきだったと判断されるとしても、本件申告における小規模宅地等の特例の適用の可否には税理士間でも争いがあるのであるから、小規模宅地等の特例の適用をしなかったことは、少なくとも重過失には当たらない。

判　決

1　被告の本件契約上の債務不履行ないし不法行為上の過失の有無（本件申告に際し、本件土地に小規模宅地等の特例の適用をしなかったことの適否）について
　(1)　小規模宅地等の特例について定める租税特別措置法69条の4は、個人が相続又は遺贈により取得した財産のうちに、同条1項の定める要件を満た

す宅地等が存在する場合において、当該宅地等について相続税申告の際に、同特例の適用を受けることを選択したときは、当該宅地等の種類に応じて、相続税の課税価格に算入すべき価額について、同条1項各号所定の評価減を受けることができる旨を定めている。

(2) 本件では、本件土地が特定同族会社事業用宅地等（租税特別措置法69条の4第3項3号）として、小規模宅地等の特例の適用対象となるかが争われ、同特例の適用のために必要とされる要件のうち、被相続人が、Bに対し、本件賃貸借契約に基づき本件建物を賃貸していたこと（以下「本件貸付け」という。）が、同条1項にいう事業に当たるかが争われている。

この点について、租税特別措置法69条の4第1項にいう事業には、「事業と称するに至らない不動産の貸付けその他これに類する行為で相当の対価を得て継続的に行うものを含む」旨規定されている（同法施行令40条の2第1項）ところ、本件貸付けが不動産の貸付けに当たることは明らかである。

そこで、本件では、本件貸付けが、同項にいう「相当の対価を得て継続的に行うもの」に当たるといえるか否かが問題となる。

(3) まず、「相当の対価」の意義について、租税特別措置法施行令40条の2第1項が「事業に準ずるもの」に当たる要件として、「相当の対価」という要件を定めていることに鑑みると、同項にいう「相当の対価」とは、貸付け等の用に供している資産の賃貸料が、貸付け等の用に供している資産の固定資産税その他の必要経費を回収した後において、相当の利益を生ずるような対価をいうものと解される。

上記解釈に照らして、本件賃貸借契約において定められていた賃料が「相当の対価」に当たるかについてみると、本件賃貸借契約上の賃料は月額22万5000円、駐車場利用料は月額4万円であるところ、本件建物の固定資産税及び都市計画税の年額は27万4371円であり、上記賃料等は、本件建物の固定資産税及び都市計画税の額を大幅に上回っている。また、上記賃料等は、原告らが、税理士と相談の上、小規模宅地等の特例を受けることを企図して、近隣の賃貸物件の賃料を参考として算出し、定められたものであると認められる。これらに鑑みると、本件賃貸借契約の賃料及び駐車場利

用料は、本件建物の固定資産税その他の必要経費を回収した後において、相当の利益を生ずるような対価に当たるということができるから、本件賃貸借契約において、相当の対価が定められていると認められる。

(4) 次に、本件貸付けが「相当の対価を得て継続的に行うもの」に該当するかについて検討すると、本件においては、本件賃貸借契約締結（平成28年10月31日）の後、第1回の賃料支払日（同年11月30日）の到来前に被相続人が死亡し、被相続人の相続の開始の時点では、本件賃貸借契約に基づく賃料の支払が一度もされていなかったことから、このような場合にも、当該貸付けが「相当の対価を得て継続的に行うもの」に当たり得るかが問題となる。

租税特別措置法69条の4第1項及びこれを受けて準事業について定める同法施行令40条の2第1項は、小規模宅地等の特例の適用対象地について、相続の開始の直前に、被相続人等の準事業の用に供されていることを求めているが、それ以上に、当該準事業において、相続の開始の時点で、相当な対価が支払われたことがあることを要するとする規定は設けていない。

このような法令の定めの下で、準事業の要件は、相続税の課税価格を算定するに当たって、対象となる不動産について、法律上の規定に基づく評価減を受けられるか否かを決する要件であるから、課税要件の明確性の要請から、準事業に当たるための要件について、明文に定めのない要件を課すような解釈を行うことには慎重であるべきである。

また、実質的にみても、事業用土地について、小規模宅地等の特例による評価減の制度が定められている趣旨は、事業が雇用の場であるとともに取引先等と密接に関連している等事業主以外の多くの者の社会的基盤としてその処分等に制約を受けることに鑑み、これに課税上特別の配慮をしたものであると解されるところ、当該土地が供されている事業が、事業と称するに至らない不動産の貸付けその他これに類する行為であっても、土地や同土地を敷地とする建物について、一旦、相当程度の期間継続することを予定する賃貸借契約が締結され、これに基づく利用が開始されれば、相続開始の時点で賃貸借契約に基づく賃料が支払われたことがあるか否かにはかかわらず、借主の事業等に関する関係者との社会的な関係等からその

処分が制約されることがあり得るから、同特例の趣旨からしても、準事業に当たる要件として、相続開始の時点までに賃料が支払われたことを必要とする理由は考え難い。

　この点、準事業に当たるための要件として、相続の開始前に賃料が支払われたことがあることを要しないと解したとしても、単に相当の対価や相当の継続期間を定めた賃貸借契約書を形式的に作成したのみで、その後、賃料が支払われなかったり、短期間で貸付けの実体が失われたりするなど、賃貸借契約自体が仮装ないし虚偽表示と認められる場合に、特例の適用が認められないのは当然であり、当該貸借契約自体が仮装ないし虚偽表示と認められるかについて判断するための事情として、相当の対価が相続開始前に支払われたことがあるかを考慮することは何ら否定されない。したがって、相続の開始前に賃料が支払われたことがあることを準事業に当たるための要件としなければ、特例が租税回避目的で濫用されると断ずることもできない。むしろ、これを準事業に当たるための要件とすると、相当の対価を定め、相当程度の期間継続することを予定する賃貸借契約を締結したにもかかわらず、被相続人の死亡の時期という偶然の事情によって、特例の適用の可否が左右され、課税額が著しく異なる場合を生ずることとなり、不合理である。

(5)　以上に鑑みると、不動産の貸付け等が準事業に当たるためには、当該不動産の貸付けが、相当の対価が定められ、かつ、相当程度の期間継続することを予定した賃貸借契約に基づいて行われていることが必要であるが、相続の開始前に、賃料が支払われたことがあることを必須の要件とするものではないと解するのが相当である。

(6)　本件貸付けにおいては、本件賃貸借契約上「相当の対価」が定められている。また、本件賃貸借契約の契約期間は2年間であるが、自動更新条項が定められていること、本件賃貸借契約の目的物である本件建物は、本件賃貸借契約の締結以前から、Bの会社社屋として利用されており、現在でもその利用実態には変化がないと認められること、Bは、本件賃貸借契約締結後、現在に至るまで賃料の支払を続けていると認められること等に鑑みると、本件貸付けは、相当程度の期間継続することを予定した賃貸借契

約に基づいて行われているものと認められる。
　　したがって、本件貸付けは、準事業、すなわち、事業と称するに至らない不動産の貸付けその他これに類する行為で相当の対価を得て継続的に行うものに当たると認められる。
(7)　本件建物の敷地として、被相続人の準事業の用に供されていた宅地等に該当するものであり、特定同族会社事業用宅地等として小規模宅地等の特例の適用を選択するためのその他の要件を全て満たしていたと認められるから、本件相続においては、本件申告の際、本件土地について同特例の適用を選択し、同特例の適用を受けることができたと認められる。
(8)　本件相続においては、本件土地について、特定同族会社事業用宅地等として、小規模宅地等の特例の適用による評価減を受けることができたと認められ、同特例の適用を選択した場合、これを選択しない場合と比較して相続税額を減少させることが可能であったところ、一般に、税理士ないし税理士法人と納税者との税務申告代理に係る契約においては、納税者である依頼者が納めるべき税額を法律上可能な範囲でできるだけ少なくすることが税理士等の債務の内容として含まれていると解されるから、税務申告代理に係る業務を受任した税理士等は、同特例の適用可能性がある場合、同特例の適用の可否について検討し、適用が可能である場合には、同特例を適用した上で、税務申告代理をすべき委任契約上の注意義務を負っていると解するのが相当である。
(9)　被告は、本件申告の際、本件土地について小規模宅地等の特例を適用していないが、本件申告以前の時点で、被告において同特例の適用の可否について検討を行ったか否かについては、明確な主張立証をしていない。
　　この点について、原告らは、被相続人の余命が1年程である旨の宣告がされたことを受け、税理士に相談の上、本件賃貸借契約を締結したのであり、原告らが本件土地について小規模宅地等の特例の適用を受けることを主眼に置いて、本件賃貸借契約を締結したことは明らかであるところ、被告は、本件申告に係る業務を遂行する際、原告らから、本件賃貸借契約に係る書類を交付されていたのであるから、本件賃貸借契約の締結時期に鑑みても、被告において、原告らが本件土地について小規模宅地等の特例を

受けることを希望していることは認識していたはずである。そうであれば、仮に、被告において、小規模宅地等の特例の適用の可否について検討した上で、適用が困難であるとの判断に至ったとすれば、本件申告の時点までに、その旨が原告らに対して伝えられていてしかるべきであるところ、本件全証拠によっても、そのような形跡は一切認められない。

そうすると、結局、被告は、本件申告の時点までに、本件土地について小規模宅地等の特例の適用が可能か否かについて検討していなかったものと認めるのが相当であり、被告には、小規模宅地等の特例の適用の可否の検討を怠った点で本件契約上の注意義務違反があり、本件契約上の債務不履行があったと認められる。

2 本件責任制限条項の有効性

(1) ある消費者契約の条項が、信義則に反して消費者の利益を一方的に害するものであるか否かは、消費者契約法の趣旨、目的（同法1条参照）に照らし、当該条項の性質、契約が成立するに至った経緯、消費者と事業者との間に存する情報の質及び量並びに交渉力の格差その他諸般の事情を総合考量して判断されるべきである〔最高裁判所平成22年（オ）第863号同年（受）第1066号同23年7月15日第2小法廷判決・民集65巻5号2269頁〕。

(2) これを本件責任制限条項についてみると、まず、本件責任制限条項の内容は、単に事業者である被告が負う可能性のある損害賠償責任を制限するものであり、当該条項により被告が負うべきリスクが限定されていることから、報酬額が低廉な金額に抑えられているといった事情も見受けられないことに鑑みると、本件責任制限条項は、本件契約に基づく業務遂行によって発生する損害のリスクを既払いの報酬相当額を除いて、全て消費者である原告らに転嫁するものであるといえる。

(3) また、本件契約は、相続税の税務申告代理に係る契約であり、契約当事者である相続人が、被告と税務申告代理に係る契約を締結する時点で、遺産の総額やこれに基づく課税額、ひいては、税務申告代理に過誤があった場合に生じ得る損害額の程度を見積もることは、容易ではないといえる。

これらのことに鑑みると、本件責任制限条項は、消費者である税務申告者に対し、自身に生じ得る損害の額、すなわち、本件責任制限条項により

自身が負担することとなるリスクの程度を見積もることが困難な段階で、損害賠償請求権の一部を放棄させるものであると評価できる。

　このように、消費者である原告が、本件契約の締結以前に、上記リスクを見積もり、回避することが困難であったのに対し、税理士法人である被告の側には、その資格に基づいて行った業務に基づき法的に損害賠償責任を負うリスクについては、税理士職業賠償責任保険に加入することによりこれを回避する方法もあったといえる。

(4)　そして、本件契約は、一般の消費者である原告らが、被相続人の相続発生後所定の申告期限内に、税務の専門家である税理士を構成員とする法人である被告との間で締結した相続税の申告代理に係る委任契約であり、このような契約の締結前に、他の税理士ないし税理士事務所との間で相見積もりを取得するなどして、契約条項の内容を比較するなどして契約締結の可否を決めることは通常期待し難く、契約締結過程における双方の情報量や交渉力には、大きな差があるということができる。この点、日本税理士会連合会が規定する相続税に関する税務代理委任契約の参考書式には、損害賠償額の制限条項が設けられておらず、本件全証拠及び弁論の全趣旨によっても、本件責任制限条項のような条項が、広く、相続税についての税務申告代理に係る委任契約において一般的に設けられていたとは認められず、原告らがそのような本件責任制限条項が一般的であるか否かを認識していたとも認められない。

　さらに、被告において、一般的に、契約締結時に遺産や報酬の見込み額を示すことはしておらず、本件責任制限条項についての説明も、税理士ではない事務員がルーティンワークとして本件責任制限条項を読み上げ、事前に決まっている定型の説明を行うにすぎず、消費者からの個別の質問に回答できる体制とはなっていない。

　本件契約の具体的な締結過程についてみると、被告は、本件契約の締結に際しても、原告らに遺産や報酬の見込み額を示しておらず、本件責任制限条項についても、上記のとおりの説明に加え、損害が発生しても報酬分までしか被告は負担しないということかという原告X2の質問について、これを肯定する程度の説明をしたにとどまり、本件責任制限条項によって

原告らが負担することとなるリスクの程度が推測可能な情報を原告らに全く提供することなく、本件契約の締結に至っている。
(5) 確かに、原告らは、本件契約の締結以前に、被相続人の相続に備え、税理士に相談の上、本件賃貸借契約を締結しており、本件契約を締結する前に、本件責任制限条項を含む契約内容について同税理士に相談すること自体は不可能ではなかったと考えられる。

　しかし、弁論の全趣旨によれば、被相続人及び原告らは、被相続人の生前、被相続人の所属していた農業協同組合の紹介により、被告から、被相続人の相続について、いわゆる相続税対策の提案を受けるなどしており、被相続人の死亡後、同組合を通じて、被相続人の遺言を預かっていた農中信託銀行に連絡をとる中で、同組合から、本件相続の税務申告についても被告を紹介されたことから、被告に対し、本件相続についての税務申告の代理を依頼することになったと認められる。

　このような本件契約の締結に至る経緯からすれば、契約締結の日までに、原告らにおいて、農業協同組合との関係性、他の税理士に相談する時間や費用等のコスト等に鑑みて、被告以外の税理士に見積もりをとることを検討しなかったとしても、格別不合理なこととはいえない。加えて、本件責任制限条項は、本件契約の付随的な条項にすぎないものということができる上、税理士ないし税理士法人の相続税の税務申告の代理に係る契約において、本件責任制限条項のような責任制限条項が一般的に置かれるものではなく、原告らがそのような本件責任制限条項が一般的であるか否かを認識していたとも認められないことを併せ考慮すると、原告らにおいて、本件契約の締結に当たり、被告の事務担当者による条項の定型的な読み上げにより本件責任制限条項が存在することを認識したとしても、そのことから直ちに、本件責任制限条項の存在を比較検討の材料として、本件契約の締結の是非を判断するために、本件契約の締結を保留し、他の税理士に相談することを現実的に期待することは困難であったというべきである。
(6) なお、消費者契約法8条1項は、事業者の債務不履行により消費者に生じた損害を賠償する責任の全部を免除する条項（同項1号）及び事業者の債務不履行（当該事業者、その代表者又はその使用する者の故意又は重大な過

失によるものに限る。）により消費者に生じた損害を賠償する責任の一部を免除する条項（同項2号）を無効としているが、事業者の故意又は重過失によらない債務不履行により消費者に生じた損害を賠償する責任の一部を免除する条項を無効とはしていない。

　しかし、消費者契約法8条1項は、消費者契約に同項各号に掲げる条項が置かれている場合、上記2(1)の判例に掲げるような当該消費者契約に関する具体的な事情を一切考慮することなく、一律に当該条項を無効とするものであり、事業者の故意又は重過失によらない債務不履行により消費者に生じた損害を賠償する責任の一部を免除する条項などについて、いかなる場合も一律に有効とする趣旨ではないと解されるから、同条の存在は、事業者の故意又は重過失によらない債務不履行により消費者に生じた損害を賠償する責任の一部を免除する条項など、同条1項各号に掲げる条項に当たらない条項について、消費者契約法10条に基づき、当該条項の性質、契約が成立するに至った経緯、消費者と事業者との間に存する情報の質及び量並びに交渉力の格差その他諸般の事情を総合考慮して無効とすることを妨げるものではないというべきである。

(7)　また、本件責任制限条項は、被告に対して、報酬の限度では責任を負担させるものとはいえるが、その性質は、事業者に当たる税理士法人として、本来の業務である相続税の申告代理に関して税額等の調査・検討を求められる立場にある被告が、本件契約の締結時点で、本件相続について、小規模宅地の特例の適用について検討することもなく、その点に関する見解の相違やその適用の有無による税額の違いの有無・程度等、本件責任制限条項の存在に伴うリスクの有無・程度に関して何らの判断材料を提供することもなく、原告に生じた損害（本来納めるべき税額と負担額との差額等）の賠償を求める権利について、その多寡に関わりなく、被告が受領すべき報酬を返還することで消滅させる性質のものである。

　このような性質に加え、上記の事情の下では、本件責任制限条項は、被告の債務不履行により原告に生ずる損害の額と、被告が放棄する報酬の額との差額が多額に及ぶような場合にも、当該報酬の額を超える損害を被告のみに負担させることとなる点で、信義則に反し、消費者の利益を一方的

に害する内容を含むものということができる。

このように、本件責任制限条項の一般的な性質等及び本件契約の締結に至った経緯に加え、消費者である原告らと事業者である被告との間に存する情報の質及び量並びに交渉力の格差その他諸般の事情を総合考慮すると、本件責任制限条項は、信義則に反して消費者の利益を一方的に害するものであると認めるのが相当である。

(8) したがって、本件責任制限条項は、消費者契約法10条後段により無効となるから、原告らは、被告に対し、被告の債務不履行によって生じた損害の全部の賠償を求めることができる。

解　説

1　事案の概要

本件は、相続税の申告において、被告税理士法人が、被相続人が特定同族会社に賃貸していた建物の敷地について小規模宅地等の特例の適用しなかったため、原告らが過大な相続税額の納付を余儀なくされて損害を受けたとして、被告に対し債務不履行又は不法行為に基づく損害賠償を請求した事案である。

2　本件における争点

(1) 本件における争点は、以下の2点である。
　1　被告の本件契約上の債務不履行ないし不法行為上の過失の有無（本件申告に際し、本件土地に小規模宅地等の特例の適用をしなかったことの適否）（争点1）
　2　本件責任制限条項の有効性（争点2）
(2) 争点1について、裁判所は、被告税理士法人は本件申告の時点までに、本件土地について小規模宅地等の特例の適用が可能か否かについて検討していなかったとして、契約上の注意義務違反があり、本件契約上の債務不履行があったと認定した。

(3) 争点2について、裁判所は、本件責任制限条項は、消費者契約法10条に違反し、無効であると判断した。

3　消費者契約法10条の解釈

(1) 消費者契約法10条は、「消費者の不作為をもって当該消費者が新たな消費者契約の申込み又はその承諾の意思表示をしたものとみなす条項その他の法令中の公の秩序に関しない規定の適用による場合に比して消費者の権利を制限し又は消費者の義務を加重する消費者契約の条項であって、民法第一条第二項に規定する基本原則に反して消費者の利益を一方的に害するものは、無効とする。」と規定する。

消費者契約法は、消費者契約法上の消費者と事業者との契約に適用される法律であり、本件原告らは消費者であり、税理士法人は事業者であるから、本件委任契約には消費者契約法が適用されることになる。

そして、本件責任制限条項は、原告らが被告に対して損害賠償請求権を取得した場合において、その損害賠償額の上限を制限する条項であるから、法令中の公の秩序に関しない規定の適用による場合に比して消費者の権利を制限し又は消費者の義務を加重する消費者契約の条項ということになる。

したがって、本件責任制限条項が、消費者契約法10条後段に定める、民法1条2項に規定する基本原則、すなわち信義則に反して消費者の利益を一方的に害するものに当たるかについて検討がされることとなる。

(2) この点、ある消費者契約の条項が、信義則に反して消費者の利益を一方的に害するものであるか否かに関して、最高裁平成23年7月判決は、「ある消費者契約の条項が、信義則に反して消費者の利益を一方的に害するものであるか否かは、消費者契約法の趣旨、目的（同法1条参照）に照らし、当該条項の性質、契約が成立するに至った経緯、消費者と事業者との間に存する情報の質及び量並びに交渉力の格差その他諸般の事情を総合考量して判断されるべきである」と判示した。

本判決でも、この判断基準に沿って事実認定をして本契約が消費者契約法10条による無効であるとの結論を導いている。

しかし、本判決は、税理士の契約書における責任制限条項が一般的に無効であると判断したものではない。あくまでも個別の事実認定をした上で、消費者契約法10条に違反するかどうかを判断するものである。

4　回避ポイント

(1)　本件では、①被告税理士法人は債務不履行又は不法行為に基づく損害賠償責任を負うか、②損害賠償責任を負うとして委任契約書における責任制限条項が適用されて損害賠償額が制限されるか、が争点となっている。

　裁判所は、①の点ついて、被告には、小規模宅地等の特例の適用の可否の検討を怠った点で本件契約上の注意義務違反があり、本件契約上の債務不履行があったと認められるとし、②の点について、責任制限条項は消費者契約法10条に違反して無効であると判断した。

(2)　被告に債務不履行に基づく損害賠償責任が認められるためには、(ｱ)本件に小規模宅地等の特例の適用があること、(ｲ)被告が小規模宅地等の特例の適用の可否の検討を怠り、又は、検討したもののその判断に善管注意義務違反があること、が必要である。

　裁判所は、本件に小規模宅地等の特例の適用があると認定したが、同特例の適用があるからといって、当然に同特例を適用しなかった税理士に善管注意義務違反が認められるわけではない。税理士が行った事実認定と法の解釈適用が、税理士に求められる専門家としての注意義務の程度に達していれば、結論を誤ったとしても、損害賠償責任を負うものではない。

　神戸地裁平成14年6月18日判決（TAINS　Z999-0052）は、相続税申告業務を受任した税理士が、財産評価基本通達24「私道の用に供されている宅地の価額は…によって評価する。この場合において、その私道が不特定多数の者の通行の用に供されているときは、その私道の価額は評価しない。」の事実認定を誤った事案において、税理士が「本件私道部分全体が車庫の専用通路と判断したとしても、その判断が不合理であるということはできない。」と判示して税理士の責任を否定した。また、那覇地裁沖縄支部平成23年10月19日判決は、相続税申告業務を受任した税理士が、Aが所有権を取得した

ものとして相続税申告書を作成、提出したが、実は、Bに所有権がある不動産であったという事案において、調査の状況と判断過程について事実認定した上で、税理士の責任を否定した。

法律解釈の誤りについて、東京地裁平成31年1月31日判決（D1-Law.com 29052599）は、株式譲渡時における本件株式の価額の評価方法について、被告がAに誤った助言・指導をしたことによって損害を被ったとして損害賠償請求をした事案において、「本件株式譲渡時における本件株式の価額の評価方法については、関係法令等の解釈をめぐって見解が対立しており、配当還元方式によって評価すべきとする第2の見解にも相応の根拠が認められ、別件訴訟の控訴審においても採用されているところである。そうすると、仮に、原告が主張するとおり、本件株式譲渡についてAと被告との間に準委任契約が成立しており、被告がAに対し、本件株式譲渡時における本件株式の価額は配当還元方式により1株当たり75円と評価されると助言・指導した事実があったとしても、かかる助言・指導が直ちに誤りであったということはできず、少なくとも、そのような助言・指導をしたことについて、被告に税理士としての善管注意義務違反があったとか、不法行為を基礎づける過失（注意義務違反）があったということもできない。」として、仮に法律解釈に誤りがあったとしても、注意義務を尽くしていれば、債務不履行責任や不法行為責任は生じないとしている。

本件では、被告税理士法人は、本件に小規模宅地等の特例の適用がないことのみを主張立証するのみで、被告税理士法人において、本件に小規模宅地等の特例の適用があるかどうかについて検討したことを主張立証していない。もし、検討をしたということであれば、どのような点について調査し、どのような証拠に基づき事実認定し、法解釈についての判断過程を主張立証することによって善管注意義務違反がないことの判断を求めることが考えられた。

この点については、①行った調査、②事実認定の前提となった証拠、③法の解釈適用をするにあたって参照した文献や裁判例、④判断過程などを証拠化しておくことが望ましい。

(3) 責任制限条項が消費者契約法第10条に違反するかどうかについて、裁判所は、

①本件責任制限条項の内容は、単に事業者であるY税理士法人が負う可能性のある損害賠償責任を制限されているものであり一方的であること、②契約を締結する時点で、税務申告代理に過誤があった場合の損害額の程度を見積もることは困難であること、③契約締結前に、他の税理士との間で相見積もりを取得するなどして契約条項の内容を比較するなどすることは期待できないこと、などを理由として、信義則に反して消費者の利益を一方的に害するものであり無効と判断した。

　上記の観点からは、①責任制限条項は、契約当事者双方に適用あるようにしておくこと、②契約を締結する前に概ねどのような遺産があるのかを確認し、相続税額の概算の範囲（変動があることを前提とした上で）を示した上で契約することとし、③他に税理士にアクセスする方法があるかどうか確認して、あるようであればその方法をメモしておく、などの対策が考えられる。

　税理士の契約における責任制限条項が無効になるかどうかは、個別の事案によって判断されることになるので、今後の裁判例の集積が待たれるところである。

横領に関する税理士の報告・是正・指導に係る善管注意義務
（税理士一部敗訴）

東京地裁令和2年2月20日判決（TAINS　Z999-0181）

> 顧問税理士が、原告代表者による横領に関し、原告に対する報告や是正・指導を行わなかったことによる損害賠償及び所得拡大促進税制の適用による税額控除を失念したことによる損害賠償をされた事案。

事　案

(1) 原告は、ソフトウェアの開発・販売、ソフトウェアの開発のコンサルティング等を業とする株式会社である。Aは、原告が設立された平成15年4月から平成29年10月まで原告の代表取締役を務めていた者であるが、同月3日、自殺した。

被告は、平成15年4月から平成29年11月28日まで、原告の顧問税理士の地位にあった。

(2) 原告と被告との間の業務契約（以下「本件顧問契約」という。）においては、以下のような定めがあった。

第1条　委託業務の範囲
　税務に関する委任の範囲は次の項目とする。
　1　原告の法人税、事業税、住民税及び消費税の税務書類の作成並びに税務代理業務
　2　原告の税務調査の立会い
　3　原告の税務相談
　　会計に関する委任の範囲は次の項目とする。
　4　原告の仕訳帳、総勘定元帳、残高試算表の作成並びに決算

5　原告の会計処理に関する指導及び相談
　　　前記に掲げる項目以外の業務については別途協議する。
　第3条　報酬の額
　　　1　顧問報酬として、月額5万円
　　　2　税務書類及び決算書類作成の報酬として15万円

(3)　Aは、創業（平成15年4月）の翌年頃から頻繁に数十万円（時には200万円以上）の単位で原告の預金を引き出したが、これらは、いずれもAに対する仮払金として会計処理され、そのほとんどが、各会計年度末（毎年3月末日）付近の日付で、Aが原告の預金口座に戻すのではなく、現金で全額精算（返金）したものとして記帳されてきた。このような会計処理の結果、平成29年3月末時点において、原告には帳簿上、1億3000万円を超える現金が存在することとされていたが、上記会計処理は架空のものであり、実際には、大半がAによって横領されたものであった。

(4)　被告は、Aから指示を受けた原告の経理担当者から提供される小口現金原票や通帳原票等の会計原票に従って仮払金元帳を作成してきた。また、同会計原票には、いずれも経理担当者の印が押されていた。

(5)　原告は、平成26年3月期、平成28年3月期及び平成29年3月期の各確定申告において、本件税額控除制度の適用要件を満たしていたが、被告は、本件各申告において、所得拡大税制に基づく税額控除をしなかった。

(6)　原告は、顧問税理士であった被告が、原告代表者による横領を認識し、あるいは、認識し得たにもかかわらず、原告に対する報告や是正・指導を行わず、それらが被告との間の業務委託契約に係る善管注意義務に反するものであると主張し、被告に対し、債務不履行による損害賠償請求権に基づき、横領された金銭の合計額1億1677万6000円の一部である3000万円及び被告が確定申告を行うに当たり原告に適用されるべき税額控除制度の適用を失念して同制度に基づく税額控除をしないまま確定申告をしたことによる損害として、確定申告に基づいて納付した税額と上記税額控除制度を適用して計算された納付すべき税額との差額等合計1038万4048円等の損害賠償を求め、訴訟を提起した。

争点

※本件のうち2つの争点を抜粋した。
1　被告が本件顧問契約に基づき横領等の不正を報告し、原告の要望内容が適切か否かについて調査確認し、原告の要望や報告を漫然と受け入れることなく原告の要望や報告内容に不足や不審な点があればこれを明らかにし、不適正な要望は改めるよう助言・指導して適正な申告書を作成する義務を負っていたか
2　被告が本件各申告の際に本件税額控除制度に基づく税額控除をしなかったことによって、原告に生じた損害の内容及び金額

争点に対する双方の主張

1　被告が本件顧問契約に基づき横領等の不正を報告し、原告の要望内容が適切か否かについて調査確認し、原告の要望や報告を漫然と受け入れることなく原告の要望や報告内容に不足や不審な点があればこれを明らかにし、不適正な要望は改めるよう助言・指導して適正な申告書を作成する義務を負っていたか

原告の主張	被告の主張
(1)　被告は、本件顧問契約に基づき、財務諸表や税務申告書類を作成するに当たって、税務の専門家としての高度な善管注意義務を負担していた。このことに加えて、税理士法1条及び41条の3の趣旨に照らせば、被告は、不正を発見した場合には、これを報告すべき義務を負っていたということができることはもとより、税理士としての専門	(1)　本件顧問契約に基づく被告の義務の内容は、税務書類の作成、税務代理業務、仕訳帳、総勘定元帳等の作成であり、原告の財産の管理や保護は含まれていない。したがって、現金の実在性の確認やAの不正の発見は、本件顧問契約に基づく善管注意義務の内容ではない。 (2)　原告は、本件業務チェックリストを、

知識や技能に基づいて、依頼者である原告の要望内容が適切か否かについて、調査・確認すべき義務（調査確認義務）、さらには、原告の要望や報告内容に不足や不審な点があればこれを明らかにし、不適切な要望は改めるよう助言・指導して適正な申告書を作成するべき義務（助言指導義務）をも負っていたと考えるべきである。特に、日本税理士会連合会が作成した業務チェックリスト（以下「本件業務チェックリスト」という。）（甲31）に「現金出納帳の残高は、実査又は現金の収支を示す証拠書類との照合確認をしたか」、「現金出納帳の推移から見て、異常な入出金や残高については原因を検討したか」を法人税申告に当たって税理士がチェックすべき事項として記載していることからしても、被告には、現金の有無や仮払金の精算状況について現金そのものを見るなどして確認するべき義務があったことは明らかである。

(2) 以下の事情からすれば、被告が、Aによる上記不正を認識し、あるいは、容易に認識し得たことは明らかである。

(ア) 被告は、本件顧問契約に基づいて、15年近くにわたり、原告の会計を一手に引き受け、総勘定元帳の作成にも携わってきた専門家たる税理士で

現金の実在性の確認やAの不正の発見が被告の義務であったことの裏付けであるとの趣旨の主張をするが、本件業務チェックリストは、税理士一般の業務に役立てるために作成されたもので税理士に義務を課したものではない。税理士の依頼者には、会計知識の低い依頼者もいれば経理専門職員がいて一応社内での会計処理が行える程度の会計知識を備えた依頼者もいるため、本件業務チェックリストを利用する税理士は、税理士事務所や依頼者の特徴に合わせて確認事項を取捨選択すれば足り、そのすべてを確認する必要はない。

あった。
  (イ) Aによる上記不正行為の手法は、期末に多額の仮払金を現金で精算するというものであり、その結果、多額の現金が毎年増加していくという、税理士でなくとも不自然さに気付けるような会計処理であった。
(3) 以上のような状況にありながら、被告は、原告に対し、Aによる不正を報告せず、あるいは、不正を疑って調査や確認をせず、不正を改めるように助言・指導もせず、漫然とAによる上記不正行為を放置してきたものであり、これらは被告による本件顧問契約に基づく義務の不履行である。

2 被告が本件各申告の際に本件税額控除制度に基づく税額控除をしなかったことによって、原告に生じた損害の内容及び金額

原告の主張	被告の主張
(1) 過大納付分 　本件各申告に基づいて納付した法人税、復興特別法人税、法人都民税は、合計3542万0800円であったが、本件各申告の際に本件税額控除制度に基づく税額控除がされていれば、納付する上記各税の合計額は、2925万1200円で足りたはずであった。 　したがって、上記3542万0800円と2925万1200円の差額である616万9600円は、本件債務不履行と相当因果関係	(1) 税理士費用について 　被告は、本件各申告の際に、本件税額控除制度の適用を行わなかったことについて、不当に争っていない。 　また、仮に、税理士費用について本件債務不履行と相当因果関係のある損害であるといえる部分があるとしても、原告が税理士に対して支払った報酬は業務内容と比較して過大である。 (2) 損害賠償金に課せられる税金について

のある損害である。
(2) 税理士費用
　原告は、本件税額控除制度の適用の可否の検討及び上記アの損害額算定のため、税理士に依頼し、その費用として69万6852円を支出したが、同額も、本件債務不履行と相当因果関係のある損害である。
(3) 損害賠償金に課せられる税金
　原告が被告から上記ア及びイの合計686万6452円の損害賠償金を取得したとしても、毎年利益を出し、法人税等の納付を続け、今後も利益を出す見込みのある原告は、当該賠償金が原告の益金に算入される結果、当該賠償金について、法人税及び地方税が課税され、その納付を余儀なくされる。
　したがって、原告の損害は、単に被告から686万6452円の支払を受けたのみで填補されるものではなく、上記課税相当額分の填補も受けて初めて、全額が填補されることになるということができるから、上記課税相当分も本件債務不履行と相当因果関係のある損害である。

本件債務不履行によって原告に損害が発生しているとしても、その損害の支払によって原告の損害は填補されるはずであって、損害が填補された後に、当該損害賠償金相当額に法人税や地方税が課税されたとしても、それは法人税及び地方税が損害賠償金を益金として見る結果にすぎず、本件債務不履行との間に相当因果関係はない。

判　決

1　争点1について
　(1)　本件において問題とすべきなのは、結局のところ、被告に会計書類及び

その作成過程から把握される不審点を調査確認し、不正があればこれを是正指導する義務が、本件顧問契約上、被告にあったということができるかという点に絞られる。

(2)　本件顧問契約には、「会計に関する委任の範囲」として、「原告の仕訳帳、総勘定元帳、残高試算表の作成並びに決算」、「原告の会計処理に関する指導及び相談」との定めがあったものの、会計不正の調査業務は明示されていない。被告が原告の経理担当者の決裁を経た会計原票を基に仮払元帳等の会計書類を作成してきたという業務内容を見れば、被告が会計原票の基となる原資料に当たることも本件顧問契約上予定されていなかったということができる。そうすると、上記本件顧問契約の定めから、原告から提出される会計原票に基づいて会計書類の記帳代行を行うこと、仕訳の方法といった会計処理の基本的事項についての指導や相談を受けることといった業務を行う義務を超えて、会計書類及びその作成過程から把握される不審点を調査確認し、不正があればこれを是正指導する義務が被告にあったものと直ちに解することは困難である。

(3)　次に、税理士法2条2項が定める財務に関する業務が、同条1項に定める税務代理、税務書類の作成、税務相談といった税務に関する業務に付随する業務として位置づけられていることからすれば、税理士法2条2項に定める財務に関する事務の中に、公認会計士法2条1項に定めるような「財務書類の監査又は証明」業務や、その業務の前提として行うべき不正や誤謬があり得ることを念頭においた監査や指導業務が含まれていると一般的に解することはできない。また、税理士法41条の3は、「税理士は、税理士業務を行うに当たって、委嘱者が不正に国税若しくは地方税の賦課若しくは徴収を免れている事実、不正に国税若しくは地方税の還付を受けている事実又は国税若しくは地方税の課税標準等の計算の基礎となるべき事実の全部若しくは一部を隠ぺいし、若しくは仮装している事実があることを知ったときは、直ちに、その是正をするよう助言しなければならない。」と規定するが、同条は、脱税等の税理士の本来的な業務である税務に関する不正についてこれを認識した場合に助言するべき義務を規定したものにすぎない。したがって、税理士法を根拠に本件顧問契約の解釈を補い、本

件顧問契約上、会計書類及びその作成過程から把握される不審点を調査確認し、不正があればこれを是正指導する義務が被告にあったと解釈することも困難である。

(4) さらに、本件業務チェックリストに、貸借対照表に関する確認事項のうち現金科目について、「（1）現金出納帳の残高は、実査又は現金の収支を示す証拠資料との照合確認をしたか。」「（2）現金出納帳の推移から見て、異常な入出金や残高については原因を検討したか。」との記載があり、仮払金及び前渡金の科目について、「相手先、金額及び内容は個別検討をしたか。」との記載があることは前記認定事実記載のとおりである。しかし、本件業務チェックリストが、税理士業界において、本件業務チェックリストに列挙されている事項の全てを、税理士自らが確認すべきことが義務付けられているとの確立された共通認識の下で、その内容を文書化したものであることを示す確たる証拠はなく、依頼者の特徴等に合わせて確認事項を適宜取捨選択して税理士業務に役立てるためのものに過ぎないとした被告の主張を排斥することもできない。したがって、本件業務チェックリストの内容を根拠として本件顧問契約の解釈を補い、本件顧問契約上、会計書類及びその作成過程から把握される不審点を調査確認し、不正があればこれを是正指導する義務が被告にあったと解釈することも、やはり困難である。

(5) 以上によれば、本件顧問契約において、会計書類の内容を調査・確認し、不審点を明らかにして助言・指導するなどの義務が被告にあったと解することはできない。

2 争点2について

(1) 過大納付分

原告は、本件各申告に基づき、合計3542万0800円を納税したが、被告が本件各申告の際に、本件税額控除制度を適用して税額控除をしていれば、その納税額は合計2925万1200円で足りたと認められるから、その差額である616万9600円は、本件債務不履行と相当因果関係のある損害であるということができる。

(2) 税理士費用分
　原告は、本件各申告において本件税額控除制度の適用があるか、本件税額控除制度が適用された場合に納付すべき税額の検証作業を税理士に委任して行ったこと、その報酬として69万6852円を支出したことが、それぞれ認められる。そして、仮に、被告が、本件確定申告に誤りがあったことを認めていても、そのことによって原告が被告に不信感を抱いても一概に不合理なことと言い難いことからすると、被告以外の別の税理士に検証作業を依頼すること自体はやむを得ないことと言い得る。もっとも、原告が支出した税理士費用については、税務申告のみならず、記帳代行業務も含む本件顧問契約に係る1年分の報酬合計75万円と比較しても高額であるということができ、このことからすると、その全額を本件債務不履行と相当因果関係のある損害であると評価することは相当とは言い難い。本件債務不履行によって生じた過大納付分の金額や、上記証拠から認められる作業内容といった事情を踏まえると、原告が支出した税理士費用のうち本件債務不履行と相当因果関係のある税理士費用は、30万円とするのが相当である。

(3) 損害賠償金に課せられる税金分
　原告は、被告から過大納付分及び税理士費用に関する損害賠償金を取得したとしても、当該賠償金が原告の益金に算入される結果、当該賠償金について、法人税及び地方税が課税され、その納付を余儀なくされるから、その税額についても、本件債務不履行と相当因果関係のある損害であると主張する。しかし、当該賠償金に法人税及び地方税が課税されて納付すべき税額が発生するのは、損害を填補する損害賠償金が確実に発生したことを益金として扱うこととした租税制度の結果にすぎず、その発生した税額は、填補されるべき原告の損害とは性質を異にする純然たる租税債務として観念すべきであり、本件債務不履行と相当因果関係のある損害ではない。

解 説

1 事案の概要

　本件は、原告の代表者が横領していたことに関し、原告の顧問税理士であった被告が、原告代表者による横領を認識し、あるいは、認識し得たにもかかわらず、原告に対する報告や是正・指導を行わず、それらが被告との間の顧問契約に係る善管注意義務に反するものであるとして、被告に対し、債務不履行に基づく損害賠償として、横領された金銭の合計額1億1677万6000円の一部である3000万円の支払を求めるとともに、被告が確定申告を行うに当たり原告に適用されるべき所得拡大税制に関する税額控除制度の適用を失念して税額控除をしないまま確定申告をしたことが、本件顧問契約上の善管注意義務に違反するものであるとして、債務不履行に基づく損害賠償として、納付した税額と税額控除制度を適用して計算された納付すべき税額との差額等合計1038万4048円等を求めた事案である。

2 本件における争点

(1) 本件の争点は3点あったが、本稿では、以下の2点を扱う。
　1　被告が本件顧問契約に基づき横領等の不正を報告し、原告の要望内容が適切か否かについて調査確認し、原告の要望や報告を漫然と受け入れることなく原告の要望や報告内容に不足や不審な点があればこれを明らかにし、不適正な要望は改めるよう助言・指導して適正な申告書を作成する義務を負っていたか（争点1）
　2　被告が本件各申告の際に本件税額控除制度に基づく税額控除をしなかったことによって、原告に生じた損害の内容及び金額（争点2）

(2) 争点1について、裁判所は、税理士には、顧問契約において、会計書類の内容を調査・確認し、不審点を明らかにして助言・指導するなどの義務はないと判断した。

(3) 争点2について、裁判所は、過大納付分及び税理士費用分は相当因果関係のある損害と認めたが、損害賠償金に課せられる税金分は、相当因果関係のある損害を認めなかった。

3 税理士に不正発見・報告義務があるか

(1) 本件では、所得拡大税制に関する税額控除制度の適用を失念したことに本件顧問契約上の善管注意義務違反があることについては、被告税理士が争っていないことから、この点は論じないこととする。

(2) 裁判所は、争点1について、被告に会計書類及びその作成過程から把握される不審点を調査確認し、不正があればこれを是正指導する義務が、本件顧問契約上、被告にあったということができるかという点に絞られる、として、この点について検討し、被告にはかかる義務はないとして、原告の主張を認めなかった。

　理由としては、①顧問契約書の業務内容の定めから、会計書類及びその作成過程から把握される不審点を調査確認する義務があると解することはできないこと、②税理士法2条2項に定める財務に関する事務の中に、公認会計士法2条1項に定めるような「財務書類の監査又は証明」業務や、その業務の前提として行うべき不正や誤謬があり得ることを念頭においた監査や指導業務が含まれていると一般的に解することはできないこと、③日税連の業務チェックリストに関しては、税理士業界において、本件業務チェックリストに列挙されている事項の全てを、税理士自らが確認すべきことが義務付けられているとの確立された共通認識の下で、その内容を文書化したものであることを示す確たる証拠はないこと、などを挙げている。

(3) 税理士の不正調査報告義務が争われた裁判例に、東京地裁平成28年5月18日判決（D1-Law.com（29018413））がある。これは、診療所を経営する医師である原告が、税理士である被告と税務顧問契約を締結していたところ、〈1〉原告が雇用していたBの横領につき、被告が、会計上の不正行為の有無を調査しなかったこと又は会計上の不正行為が疑われる事実を報告しなかったことが、上記税務顧問契約上の債務不履行になるとし、損害賠償請求をした

事案である。この事案について、裁判所は、「原告は、被告に対し、不正行為の調査を委任したということはできず、本件顧問契約における委任事務は、税理士としての本来業務である税務代理、税務書類の作成、税務相談及び付随業務としての財務諸表の作成、会計帳簿の記帳代行に限られるというべきである。

本件顧問契約は、委任契約又は準委任契約であって、受任者である被告は、委任事務を処理するに当たって、委任の本旨に従った善管注意義務を負う。しかし、上記のとおり、本件顧問契約において委任されたのは、税理士の本来業務及び付随業務であって、本件診療所の適正な運営、委任者である原告の財産の管理や保全が委任の本旨になるものではないため、善管注意義務の内容として、被告が、一般的に、原告の財産又は本件診療所の運営に対する不正が疑われる状況にあるのかどうかを判断し、原告に報告すべきであったということはできない。仮に、被告が委任事務を処理する際、会計上、不正行為が行われていることを知り、又は不正行為が行われていると疑われる状況を知ったにもかかわらず、原告に報告しなかったとしても、安易にこれを原告に報告することは、かえって当該不正行為を行ったと疑われた者に対する名誉毀損等の問題すら生じかねないのであって、法的な責任を負うべき義務違反はないというべきである。」と判示し、不正調査報告義務を否定した。

4　回避ポイント

(1)　関与先に横領等の不正があった場合において、税理士に不正発見・報告義務があるかどうかについては、過去にも争われている。

東京地裁平成25年1月22日判決（TAINS　Z999-0153）は、原告において、9期にわたり合計約3億円の利益を過大に計上する不正経理が行われていたところ、原告は、税理士は原始資料から帳簿を作成する義務や原始資料と決算整理仕訳との整合性の確保や決算整理仕訳の精査などを行う義務があったのにこれを怠り、その結果、原告に損害を与えたなどとして、損害賠償請求をした事案である。なお、原告と被告税理士との間に契約書は締結されていなかった。

この事案において、裁判所は、過去の被告税理士による業務プロセスに関し、約19年間にわたり、原告から被告が仕訳伝票を受け取り、被告において会計帳簿の記帳代行、財務書類および税務書類を作成していたこと、その間、被告が原始資料から仕訳を行わないことについて原告が異議を述べたことがないこと、などの事実を認定し、委任契約締結に際し、原被告間において、原始資料から仕訳を行う業務までを委任業務に含める旨の合意が成立したものと推認することはできず、原始資料からの仕訳は原告が行うものとの合意が成立したものと推認せざるを得ないと判断して、税理士勝訴判決をした。

この判決は、契約書がないことから、過去の業務プロセスを検討して契約内容を推認する手法を採用しているが、本件のように契約書が締結され、業務内容が記載されている場合には、契約書に基づいて契約内容が判断される傾向にある。そのため、税理士が業務を受託する場合には、契約書を締結して、業務内容を明確に記載することが肝要である。

したがって、本件では、契約書を締結し、契約書において、業務内容を明確に記載していたことが回避ポイントとなる。

(2) 本件では、原告は、被告が本件顧問契約に基づき横領等の不正を報告し、原告の要望内容が適切か否かについて調査確認し、原告の要望や報告を漫然と受け入れることなく原告の要望や報告内容に不足や不審な点があればこれを明らかにし、不適正な要望は改めるよう助言・指導して適正な申告書を作成する義務を負っていたと主張したが、その主張は排斥されている。税理士の業務から、このような義務は当然には導かれないため、特別の合意をしたことを立証できなければ、このような義務が認定される可能性は低いと思われる。

著者としては、原告は、本件で、別の主張をすべきであったのではないかと考える。

本件では、創業（平成15年4月）の翌年頃から頻繁に数十万円（時には200万円以上）の単位で原告の預金を引き出したが、これらは、いずれもAに対する仮払金として会計処理され、そのほとんどが、各会計年度末（毎年3月末日）付近の日付で、Aが原告の預金口座に戻すのではなく、現金で全額精算（返金）したものとして記帳されてきた。このような会計処理の結果、平

成29年3月末時点において、原告には帳簿上、1億3000万円を超える現金が存在した。帳簿上、現金として1億3000万円を超える金額が計上されている状態は、一般的な中小企業では想定しがたい事態である。1億3000万円以上の現金が存在しないならば、社外流出をしていることは容易に想像でき、標準的な税理士であれば、税務調査があった場合には、現金がないことを指摘され、その結果、役員に対する給与と認定され、かつ、それが隠蔽又は仮装と判断された場合には、修正申告及び重加算税賦課決定を受けるリスクを想起するものと思われる。したがって、1億3000万円以上の現金の有無について確認せず、それを看過して漫然と税務申告書を作成し、税務代理をした結果、原告に損害が発生した場合には、税理士に善管注意義務違反が認定される可能性がある。したがって、本件でも、そのような税理士の本来的業務との関係で善管注意義務を構成すれば、異なる結果になった可能性があると考える。

課税の発生に係る助言義務違反の有無（税理士敗訴）

東京地裁令和1年10月15日判決（D1-Law.com　29056239）

> 同族会社に対して行った債務免除により、株主に贈与税の申告義務が発生するにもかかわらず、税理士が適切に助言をしなかったことにより、贈与税、無申告加算税、延滞税、精神的苦痛の損害を被ったとして損害賠償請求をされた事例。

事　案

(1) 原告は、訴外株式会社（以下「訴外会社」という。）の代表取締役であり、被告は平成18年から平成25年2月まで訴外会社の顧問税理士であった者である。

(2) 訴外会社において原告の前代表取締役であった亡A（平成27年6月25日死亡。以下「亡A」という。）は、原告の父であり、亡Aは訴外会社の株主でもあった。

(3) 被告は、訴外会社の代表者であった亡Aに対し、平成17年、相続時精算課税制度の利用を進言し、亡Aは原告に対して訴外会社の株式164株を生前贈与し、被告は、同贈与に係る贈与税について税務代理人として税務申告手続を行った。

(4) 訴外会社は、平成19年に亡Aが訴外会社の取締役を退任するにあたり、亡Aに対する退職金として8950万円を支給することを決定したが、訴外会社は資金不足のため、同退職金の全額を支払うことができなかった。

(5) 平成23年の時点における訴外会社の亡Aに対する未払退職金額は5000万円であったところ、被告は、訴外会社の決算対策として、訴外会社の代表取締役であった原告に対し、未払退職金について亡Aが債務免除することを

進言した。

(6) 亡Aは、被告の進言を受け入れ、訴外会社に対し、平成23年12月期に3000万円、平成24年12月期に2000万円の未払退職金債務を免除した（以下「本件債務免除」という。）。

(7) 被告は、原告との委任契約に基づいて、税務代理人として、個人としての原告の確定申告を行った。

(8) 亡Aは平成27年6月25日に死亡した。

(9) 原告は、平成29年10月、B税務署から亡Aの相続に関連して税務調査を受けた上、本件債務免除が相続税法9条及び相続税法基本通達9-2における同族会社の債務免除によるみなし贈与に該当するとして、贈与税の申告義務があると通告され、平成30年2月21日、平成23年分及び平成24年分の贈与税の期限後申告手続（以下「本件期限後申告」という。）を行った。

争点

1. 被告が原告に対して本件債務免除によって贈与税が課税されることの説明をしなかったことが委任契約上の善管注意義務に違反するといえるかどうか
2. 被告が原告に対して本件債務免除によって贈与税が課税されるとの説明をしなかったことが不法行為を構成するかどうか
3. 原告の損害
4. 損益相殺

争点に対する双方の主張

1　被告が原告に対して本件債務免除によって贈与税が課税されることの説明をしなかったことが委任契約上の善管注意義務に違反するといえるかどうか

原告の主張	被告の主張
原告が、被告から本件債務免除によっ	訴外会社が同族会社であることから、

原告の主張	被告の主張
て原告が贈与税を負担する必要がある旨の説明を受けていれば、本件債務免除の方法は選択しないのであり、被告は原告に対して贈与税についての説明は何らしていない。 　被告は、原告個人との間で税務申告についての委任契約を締結していたところ、このような重要な事項について何ら説明しないことは、委任契約上の善管注意義務に違反する。	被告は、原告に対して、本件債務免除によって原告が保有する訴外会社の株式価値が増加する場合には、その分贈与税がかかることになる旨の説明をした。 　当時は業績の悪い訴外会社の決算対策が課題であったため、このような説明にそれほどの重点を置いていなかった可能性があるが、被告は原告に対して上記のとおり贈与税についての説明をしており、被告に委任契約上の善管注意義務違反はない。

2　被告が原告に対して本件債務免除によって贈与税が課税されるとの説明をしなかったことが不法行為を構成するかどうか

原告の主張	被告の主張
税理士は、税理士法1条により「納税義務の適正な実現を図ることを使命」とされており、そのための高度の注意義務を負う。 　被告は、本件債務免除によって原告に贈与税が課税されることを知りながら、その旨の説明をしなかったのであり、このような不作為は上記の高度の注意義務に違反する違法な行為である。	原告の主張を争う。

3　原告の損害

原告の主張	被告の主張
原告は、相続税、無申告加算税及び延滞税として合計357万9000円の納税義務を負っただけでなく、税務調査において	原告の主張を争う。

Ｂ税務署から複数回の事情聴取を受けた上、脱税者扱いをされて多大な精神的苦痛を被っており、これを金銭に換算すると100万円を下らない。

4 損益相殺

原告の主張	被告の主張
本件債務免除の当時、訴外会社は経営難に陥っており、この状況においては亡Ａの訴外会社に対する未払退職金に係る債権を低廉な価格で第三者に譲渡することにより、亡Ａの相続財産を減少させ、相続税を減額することは容易であり、本件債務免除以外の方法により相続税の減額が可能である以上、被告の損益相殺の主張は認められない。	仮に被告に善管注意義務違反があるとしても、原告は本件債務免除によって亡Ａの相続税を249万9000円減額する利益を受けており、原告に発生した損害については、この減額分の利益と相殺されるべきである。

判　決

1 争点1（被告が原告に対して本件債務免除によって贈与税が課税されることの説明をしなかったことが委任契約上の善管注意義務に違反するといえるかどうか）について

(1) 被告は、相続時精算課税制度の利用を進言し、亡Ａ及び原告がこれを受け入れた結果、亡Ａは訴外会社の株式164株を原告に生前贈与しており、訴外会社の決算対策のために被告が進言した本件債務免除の方策は、原告が保有する株式の価値を増加させることになると認められるから、これによって原告に贈与税が課税されることになることは容易に理解することができたということができる。

(2) その一方で、被告は、税務代理人として、平成17年分から平成24年分ま

での亡A及び原告（原告については平成23年分まで）の確定申告手続を行っていたが、訴外会社の顧問税理士が平成24年3月以降は被告から他の税理士へと交代し、平成27年6月25日に死亡した亡Aの相続税については、被告以外の税理士が申告手続を行っている。

　一般に、税務申告は税目ごとに行われるものであるから、所得税に関して確定申告手続の依頼を受けて同手続について委任契約を締結した税理士が、税目の異なる贈与税についての申告業務を行うべき義務を負うということはできないし、上記委任契約自体に基づいて、当然に、他の税目についての申告業務の依頼をするよう助言する委任契約上の義務を負うということもできない。

(3)　そうすると、被告が、原告に対して、贈与税について説明しなかったとしても、原告との間で締結した確定申告業務に係る委任契約上の義務に直接的に違反するとまでいうことはできない。

　したがって、委任契約上の債務不履行による損害賠償請求権に基づく原告の請求は理由がない。

2　争点2（被告が原告に対して本件債務免除によって贈与税が課税されるとの説明をしなかったことが不法行為を構成するかどうか）について

(1)　特定の税目についての申告業務について委任契約を締結した税理士は、委任者に対し、他の税目についての申告業務を依頼するよう助言する義務を当然に負うものということはできない。

(2)　しかしながら、委任者は他の税目について申告の必要性を認識しなければ、そもそも税理士に申告業務を依頼しようとは考えないのに対し、申告業務について依頼を受けた税理士は、委任者の財産の状況から他の税目についての申告の必要性を把握することができる場合があり、当該税理士が他の税目について申告が必要となることが確実であると認識すべき場合には、委任者に対してこのことを説明し、委任者が申告の要否について判断することができるよう助言する信義則上の義務を負うと解するのが相当である。

　そして、故意又は過失によりこの義務に違反したときは、当該税理士に不法行為が成立する余地があるというべきである。

(3) 本件においては、被告は、亡A及び原告に対し、相続時精算課税制度の利用を自ら進言し、同人らがこれを受け入れたことによって、原告は亡Aより訴外会社の株式の生前贈与を受けて同社の株主となっていたところ、被告は、訴外会社の代表取締役に就任していた原告に対し、同社の決算対策及び亡Aの将来の相続に係る相続税の減額を意図して本件債務免除を進言し、原告がこれに従った結果、上記の経緯で保有するに至った訴外会社の株式価値が増加し、贈与税を課税されるに至ったというのである。

そして、被告は、平成17年ころから平成24年ころまでの間、同族会社である訴外会社の顧問税理士として財務状況を把握する一方、経営者であり株主である亡A及び原告の確定申告手続を受任し、同人らの所得の状況を把握する立場にあったということができる。

(4) 以上によると、被告は、税理士としての自らの助言に従うことにより、原告に贈与税が課税される可能性が高いことを把握すべき立場にあったというほかないのであり、原告に対し、上記可能性を明確に指摘し、申告の要否について検討するよう助言すべき信義則上の義務を負っていたというべきである。

(5) そうであるにもかかわらず、被告は、原告に対し、贈与税が課税される可能性について明確にすることなく、原告をして無申告のまま放置させるに任せたのであるから、少なくとも被告には上記信義則上の義務を履行しなかった過失があるというべきであり、被告による上記義務違反は不法行為を構成する。

3 争点3（原告の損害）について

(1) 原告は適時に申告していれば負担する必要がなかった無申告加算税及び延滞税を負担しており、これらの合計である100万9000円は被告の不法行為と因果関係のある損害であると認められる。

(2) 原告は、税務調査を受けたことにより精神的苦痛を被ったと主張するところ、原告が受けた税務調査は贈与税の申告をしなかったことを理由とし、4か月間にわたって行われたものであり（被告本人）、その結果として無申告加算税と延滞税を課されたことからすると、適時に申告をしていればこのような税務調査を受けることは通常考えられないから、上記税務調査

に対応するための原告の負担は、被告の不法行為と因果関係のある損害であるということができる。このような原告の有形無形の負担のうち精神的負担を金銭に換算すると、40万円をもって相当と認める。

(3) また、原告は、贈与税が課税されることがわかっていれば、被告による本件債務免除の進言を受け入れなかったから、贈与税額も損害に含まれると主張するが、本件債務免除が行われた当時、訴外会社は赤字続きであり、金融機関から継続的に融資を受けて資金繰りを確保するために本件債務免除によって当期純利益を確保する必要があったと認められ、仮に贈与税が課されることがわかっていたとしても、本件債務免除を選択する可能性は否定されないから、原告の主張を採用することはできない。

(4) さらに、原告は、本件債務免除の方法によらなくても、亡Ａの訴外会社に対する未払退職金債権を低廉価額で譲渡する方法により財務状況を改善させることはできたと主張するが、これは訴外会社の財務状況を改善するための手法の選択の問題であり、実際に行われた本件債務免除との比較において、税務当局が最終的に行う課税面での評価の異同について立証されているとはいえないから、原告主張に係る手法があり得ることを前提としても、贈与税額自体を原告の損害と評価することはできない。

4 争点4（損益相殺）について

被告は相続税の減税額分について損益相殺を主張するが、この主張は、本件債務免除により課税されることになった贈与税額分が損害と認められる場合に、同じ本件債務免除によって得られた利益としての相続税の減税額分を相殺すべきであるとの主張である。

しかしながら、本件においては、無申告加算税及び延滞税の額並びに精神的損害を金銭に換算した額をもって原告の損害と認めるから、被告の主張に係る相続税の減税額分について通算すべき対応関係は認められない。

したがって、前記で認めた損害を前提とする限り、被告の損益相殺の主張を採用することはできない。

解　説

1　事案の概要

　本件は、同族会社に対して行った債務免除により、株主に贈与税の申告義務が発生するにもかかわらず、税理士が適切に助言をしなかったことにより、贈与税、無申告加算税、延滞税、精神的苦痛の損害を被ったとして損害賠償請求をされた事案である。

2　本件における争点

(1)　本件における争点は、以下の4点である。
　① 被告が原告に対して本件債務免除によって贈与税が課税されることの説明をしなかったことが委任契約上の善管注意義務に違反するといえるかどうか。
　② 被告が原告に対して本件債務免除によって贈与税が課税されるとの説明をしなかったことが不法行為を構成するかどうか。
　③ 原告の損害
　④ 損益相殺
(2)　争点1について、裁判所は、所得税と贈与税の税目の違いに着目して、委任契約上の善管注意義務違反を認めなかった。
(3)　争点2について、裁判所は、被告が株式の贈与に関与したこと、訴外会社の顧問税理士であること、及びそれまでの経緯などから、不法行為を構成すると判示した。
(4)　争点3について、裁判所は、無申告加算税、延滞税、慰謝料について損害を認めたものの、贈与税分については損害と認めなかった。
(5)　争点4について、裁判所は、贈与税分を損害と認めなかったこととの関係上、損益相殺を認めなかった。

3 債務不履行と不法行為

(1) 本件で、原告は、被告に対する損害賠償請求のための法律構成として、①債務不履行と②不法行為を挙げている。債務不履行は、民法第415条の「債務者がその債務の本旨に従った履行をしないとき又は債務の履行が不能であるときは、債権者は、これによって生じた損害の賠償を請求することができる。」に基づく請求である。その債務の発生原因である契約類型は、一般的には委任契約とされている。最高裁昭和58年9月20日判決は、「本件税理士顧問契約は、…全体として一個の委任契約である」と判示している。

不法行為は、民法第709条の「故意又は過失によって他人の権利又は法律上保護される利益を侵害した者は、これによって生じた損害を賠償する責任を負う。」に基づく請求であり、契約の存在を前提としない。

(2) 本件で、裁判所は、不法行為に基づく損害賠償請求は肯定したが、債務不履行に基づく損害賠償請求は否定した。債務不履行に基づく損害賠償請求について、裁判所は、「一般に、税務申告は税目ごとに行われるものであるから、所得税に関して確定申告手続の依頼を受けて同手続について委任契約を締結した税理士が、税目の異なる贈与税についての申告業務を行うべき義務を負うということはできないし、上記委任契約自体に基づいて、当然に、他の税目についての申告業務の依頼をするよう助言する委任契約上の義務を負うということもできない。」と判示している。債務の履行に関する注意義務であるから、所得税の確定申告手続に関する委任契約からは当然に導き出されない贈与税に関する助言義務を負うと判断することはできないという判断である。

(3) これに対し、不法行為は、契約の存在を前提としない。たとえば、仙台高裁昭和63年2月26日判決（TAINS Z999-0002）は、粉飾した2期分の黒字の確定申告書を作成した税理士が、それを信じて関与先の保証人になった者から損害賠償請求をされた事案において、裁判所は、税理士に損害賠償を命じている。

4 回避ポイント

(1) 本件で、裁判所は、委任契約上の注意義務違反は認めなかったが、不法行為上の注意義務違反を認めた。不法行為上の注意義務違反を認めた理由としては、①被告は、亡Ａ及び原告に対し、相続時精算課税制度の利用を自ら進言したこと、②それによって原告が株主になったこと、③訴外会社の代表取締役である原告に対し、決算対策及び相続対策として債務免除を進言したこと、④その債務免除によって原告の株価が増加したこと、⑤被告は訴外会社の顧問税理士であったこと、などである。

その結果、被告は、原告に対し、贈与税の可能性を明確に指摘し、申告の要否について検討するよう助言すべき信義則上の義務を負っていたと判断した。

これは、贈与税の課税が発生する一連のプロセスに対して強く関与していたため、それによって贈与税が課税される原告の損害を予見することができ、また、適切に助言することによって損害の発生を回避することができた、ということである。

仮に、被告が株式の贈与などに関与しておらず、単に顧問税理士の立場だけだったら、異なる結論になった可能性もある。

(2) 被告は、贈与税の発生可能性について原告に説明したと主張したが、判決では、その主張は排斥された。当時の原告と被告の関係からすると、仮に贈与税が発生するのであれば、原告は贈与税の申告を被告に依頼することが容易に推認できる。原告単独では贈与税が発生するかどうかは判断できないので、そのような状況下では、被告が贈与税の発生可能性について調査検討するのが経験則である。そして、贈与税が発生する場合には、原告に対してその旨説明し、贈与税の申告について助言をするはずである。そうであれば、贈与税の発生可能性について調査・検討した計算結果の痕跡が残っているのが通常であり、それがないということは、被告が説明したと認定することは困難である。

(3) 訴訟においては、事実は証拠により判断されることになる。本件では、被告が助言したかどうかが争点となっているが、被告が助言をしたことを

立証できないと、助言がなかったと認定されることになる。したがって、特に重要な場面では、助言したことを証拠として残しておくことが望ましい。

(4) また、本件では、原告と被告との間には、所得税確定申告代理に関する契約は存在したが、贈与税に関する契約は存在しなかった。それでも、事実関係次第では、贈与税に関する助言義務が発生するということであるから、「契約がないから関係ない。」という抗弁が成立しない場合があることに注意が必要である。

役員退職金に係る助言義務違反の有無
（税理士勝訴）

東京地裁平成31年1月11日判決（ウエストロー・ジャパン　2019WLJPCA 01118009）

法人税の申告業務を受任していた税理士法人が、役員退職金の支給に関する助言を怠ったことによる損害賠償請求を主位的に、欠損金の繰戻しによる還付請求をしなかったことによる損害賠償請求を予備的にされた事例。

事　案

(1)　原告は、昭和47年2月18日に設立された、医院、医療設備の賃貸等を目的とする特例有限会社であり（甲1）、平成24年11月期当時の役員は、B（代表取締役）、A（取締役）の2名であった（甲11）。

被告は、平成15年1月21日に設立された、他人の求めに応じ、租税に関し、税理士法2条1項に定める税務代理・税務書類の作成及び税務相談に関する事務を行うこと等を目的とする税理士法人であり、税理士であるH（H税理士）は被告の代表社員であった（甲2）。

(2)　原告は、平成24年3月23日、その取締役であるAが別紙「物件目録」記載1、2の各土地（甲12の1及び2）を5000万円で売却する際、その地上建物である別紙「物件目録」記載3の本社建物（甲12の3）を2億円で併せて売却し（甲4）、平成24年11月期（平成23年12月1日～平成24年11月30日）の法人税等として3494万9800円を納付した（甲5）。

(3)　B、Aが平成25年4月2日に原告の取締役を辞任したため（甲11）、原告は、平成25年11月期（平成24年12月1日～平成25年11月30日）に上記両名に合計5200万円の役員退職金を支給した（甲7の2）。

(4)　被告は、原告から委任を受け、H税理士において（甲3の1、甲7の1、乙14の「税理士署名押印」欄）、原告の平成24年11月期の確定申告業務（甲3

の1及び2)、平成25年11月期の確定申告業務(甲7の1及び2)、平成26年11月期の確定申告業務(乙14)をそれぞれ遂行した。なお、原告の平成25年11月期の確定申告の際に欠損金の繰戻しによる還付請求(法人税法80条)は行われなかった。

(5) 原告は、平成28年11月29日到達の書面(甲9の1及び2)をもって、被告に対し、本訴請求に係る損害賠償金2430万5000円の支払を請求した。

なお、被告税理士法人から原告に対して報酬請求の反訴がされているが、本項では、割愛する。

争　点

1　役員退職金に関する助言義務違反の有無
2　欠損金の繰戻しによる還付請求をしなかったことが注意義務違反になるか

争点に対する双方の主張

1　役員退職金に関する助言義務違反の有無

原告の主張	被告の主張
ア　不動産貸付業を営む原告において、その唯一の事業収益源であった本社建物の売却により、8960万1457円の売却益が生じた一方、その事業継続が不可能となり、役員の退職を含む解散手続を行うべき状況にあった。そして、原告において、仮に平成24年11月期にB、Aに役員退職に伴う5200万円の役員退職金を支給していれば、これを平成	ア　本社建物の売却と原告の事業継続の不能とは必然の関係にないばかりか、そもそも役員の退職や解散手続への移行の当否及びその時期は原告自身が判断すべきことであって、経営コンサルタントではなく、税理士法人にすぎない被告に原告の経営についてまで助言すべき債務はない。また、原告において税法上許容される役員退職金の上限

24年11月期の人件費として計上することにより、原告の納税額は1064万4800円（仮に被告が相当額であると証拠上自認する4500万円の役員退職金の支給を前提とすれば、1381万3200円）となっていた。

　したがって、原告の平成24年11月期の確定申告業務を受任していた被告には、原告に対し、平成24年11月期に役員退職金の支給を実施して節税するよう助言すべき債務があったのに、被告がこれを怠ったことは債務不履行（民法415条）を構成する。

イ　原告は、被告の上記債務不履行により、実際の納税額と節税による納税額との差額相当額2430万5000円（3494万9800円－1064万4800円。仮に被告が相当額であると証拠上自認する4500万円の役員退職金の支給を前提としても、2113万6600円（3494万9800円－1381万3200円））の損害を被った。

額は1773万円程度であったから、仮に原告が平成24年11月期に5200万円の役員退職金を支給してこれを損金として申告したとしても、税法上明らかに過大な役員退職金として否認され、原告の企図する節税効果が得られないばかりか、税務調査を受けたり、加算税等を課されたりするなど税務上の問題が生ずるおそれが高かった。そこで、被告が平成24年11月期の確定申告の際に原告にその希望する高額な役員退職金を支給した場合における税務上の問題点について十分説明したことにより、原告は自らの判断で平成24年11月期における役員退職金の支給を見送った。

　したがって、平成24年11月期における被告の債務不履行はない。

イ　仮に原告が平成24年11月期に5200万円の役員退職金を支給してこれを人件費として申告したとしても、税法上明らかに過大な役員退職金であったから、原告の企図する節税効果が得られる蓋然性はなかった。

2　欠損金の繰戻しによる還付請求をしなかったことが注意義務違反になるか

原告の主張	被告の主張
ア　仮に平成24年11月期における被告の債務不履行が認められないとしても、不動産貸付業を営む原告において、唯一の事業収益源であった本社建物を売	ア　原告主張の欠損金の繰戻しによる還付請求は、平成24年11月期に5200万円という税法上明らかに過大な役員退職金の支給を全額損金として計上するに

却したことにより利益の発生していない平成25年11月期の確定申告時に、平成24年11月期への欠損金の繰戻しによる還付請求（法人税法80条）をしていれば、1794万5391円の還付金（甲8。仮に被告が相当額であると証拠上自認する4500万円の役員退職金の支給を前提とすれば、1593万1000円。甲19）を受けることができた。

したがって、原告の平成25年11月期の確定申告業務を受任していた被告には、平成25年11月期の確定申告時に上記の欠損金の繰戻しによる還付請求をすべき債務、少なくともこの還付請求手続を行うよう指導助言すべき債務があったのに、これを怠ったことは債務不履行（民法415条）を構成する。

イ　原告は、被告の上記債務不履行により、上記還付金相当額1794万5391円（仮に被告が相当額であると証拠上自認する4500万円の役員退職金の支給を前提としても、1593万1000円）の損害を被った。

等しいものであり、争点（1）で主張したような税務上の問題が生ずるおそれが高かった。そこで、被告が平成25年11月期の確定申告の際に原告に欠損金の繰戻しによる還付請求をした場合における税務上の問題点について十分説明したことにより、原告は自らの判断で上記還付請求をしない旨決定した。

したがって、平成25年11月期における被告の債務不履行もない。

イ　仮に原告が平成25年11月期に原告主張の欠損金の繰戻しによる還付請求をしたとしても、税法上明らかに過大な役員退職金であったから、原告の企図する節税効果が得られる蓋然性はなかった。

判　決

1　争点1（平成24年11月期における被告の債務不履行の有無—原告の主位的請求関係）について

(1)　認定した事実によれば、原告は、本社建物の売却益に対する課税額を低額にとどめつつ、早晩発生することが予想されるAの相続問題に対処す

べく、原告の総資産を当時の原告代表者であるB個人に早期に帰属させることを希望しており、原告の確定申告業務を委任していた被告に対し、この希望に沿う節税対策を検討するよう依頼したものの、被告は、H税理士の検討により、原告における過去の役員報酬の支給実績等を踏まえるならば、A、Bに支給する役員退職金として税務上認められる概算の限度額は、原告の事業存続を前提とすると、合計1500万円程度であると判断する一方、次期（平成25年11月期）の決算が大幅な赤字となることが見込まれる状況にあり、また、原告の解散、清算を前提とするのであれば、合計5000万円程度の役員退職金を支給したとしても、原告が回避を強く希望する税務調査が入る可能性は高くないと判断した。

(2) 税務上、過大な役員退職金であるか否かについて公刊されている一般的な判定基準（乙2ないし乙6）によれば、役員に支給した役員退職金の金額的相当性を判断するに当たっては、当該役員の業務従事期間（業務に従事した期間が短いにもかかわらず、多額の役員退職金が支給されている場合には不相当に高額であると判断される可能性がある。）、退職の事情（業績不振、不祥事等の責任を取って退職するのに高額の役員退職金が支給されている場合などは不相当に高額であると判断される可能性がある。）、同業・類似規模の他法人における役員退職金の支給状況（同業の事業を営み、事業規模も類似している他の法人における標準的な役員退職金の支給状況と比較して明らかに高額な役員退職金が支給されている場合などは不相当に高額であると判断される可能性がある。）等の要素を総合的に勘案して判断することとされており、租税実務上、一般的に使用されている具体的な算定式として、「退職時の報酬月額×勤続年数×功績倍率（1.5ないし3.0）」とする功績倍率法、「類似法人の役員退職給与の1年当たり平均額×退職役員の勤続年数」とする1年当たり平均額法が紹介されているほか、退職時の報酬が著しく低額又は無報酬である場合も「退職時の適正報酬月額×勤続年数×功績倍率」という修正された算定式が紹介されている。そして、上記1で認定した、A、Bの業務実態を踏まえた適正役員報酬額、その勤続年数等に照らせば、A、Bに支給する役員退職金として税務上認められる概算の限度額は多くとも合計2000万円にとどまる旨の被告の上記判断は上記の一般的な判定基準に

合致するという意味で合理的なものであったということができ、少なくともこの一般的な判定基準を大きく逸脱するものではなかったという意味で不合理なものであったとはいえない（後記2(1)で判示するとおり、平成25年11月期に税務上認められる概算の限度額として被告により試算された4500万円という金額は、大幅な赤字決算となることが予想され、かつ、原告を清算、解散するのであれば、税務調査を受ける可能性はほぼないとの見通しを前提とするものであったから、原告の事業継続を前提とした場合の適正限度額が1500万円であったとの認定、評価を妨げる事情であるとはいえない。）。そして、上記で認定した事実によれば、被告は、H税理士の検討結果のほか、特に税務調査を受けることを回避したいと強く希望する原告の意向も踏まえ、原告に対し、平成24年11月期においてA、Bに役員退職金として5000万円を支給することの利害得失を分かりやすく説明していたということができ、原告も、上記利害得失を十分理解した上で、平成24年11月期にA、Bに約5000万円という高額な役員退職金を支給することを見送る旨最終的に決断するに至った。

(3) 以上のような事情のほか、役員の退職及びその退職時期を決定するのは当該会社の役員自身の意思決定に委ねられるべきことに照らせば、税理士法人として確定申告業務を受任していたにすぎない被告においては、委任者である原告の意向に沿って、原告が経営上の最終的な意思決定を行うために必要な税務上の情報を十分提供していたということができるから、原告の平成24年11月期の確定申告業務の遂行に当たって、原告主張のような被告の債務不履行があるとは認められない。

2 争点2（平成25年11月期における被告の債務不履行の有無―原告の予備的請求関係）について

(1) 認定した事実によれば、原告は、被告の平成24年11月期における助言に従って、同期における高額の役員退職金の支給を見送る一方、赤字決算となることが見込まれ、解散、清算を予定する次期（平成25年11月期）に上記役員退職金を支給すべく、被告に対し、その具体的な金額についての検討を依頼したところ、被告は、税務調査の回避を希望する原告の意向も踏まえつつ、原告に対し、大幅な赤字決算となることが予想され、かつ、原

告を清算、解散するのであれば、税務調査を受ける可能性はほぼないこと、しかし、かかる前提に立ったとしても、税務上認められる役員退職金額の概算の限度額は合計4500万円にとどまること、これを前提とする三つの具体案をその想定される課税額と共に提示するが、いずれの案においても上記限度額を超えてしまうことを口頭による説明に加えて書面による説明まで行っていた。そして、被告は、原告に対し、原告の希望する、原告の事業継続を前提としつつ、原告の選択した具体案（B案）を前提とした場合、過大な役員退職金と判断される具体的金額（5200万円−1500万円＝3700万円）やこれに伴う課税額（1500万円）を原告に教示した上で、原告が強く希望する税務調査の回避のためには、役員退職金の支給額を不相応に高額としないこと、欠損金の繰戻しによる還付請求も行わないようにすること、役員退職の少なくとも近いうちに原告の清算手続を行うこと、他方、役員退職の事実を客観的に示す必要上、少なくとも役員変更登記を行う必要があること等を個別具体的に助言していた（なお、被告の原告に対する助言の基礎とされた事実認定や税務上の判断に前提誤認や裁量の範囲を逸脱するような事情はうかがわれない。）。原告は、被告の上記助言を踏まえ、平成25年11月期においてA、Bに5200万円という高額な役員退職金を支給する一方で、税務調査の回避という従前からの原告の意向に基づき、欠損金の繰戻しによる還付請求を行わない旨最終的に決断するに至った。

(2) 以上のような事情を総合すれば、被告が平成25年11月期の確定申告業務の遂行上、欠損金の繰戻しによる還付請求を行わないこととしたのは、平成24年11月期に約5000万円の役員退職金の支給を見送ることとしたのと同様に、税務調査の回避という原告の意向に正に合致した措置を選択した結果にすぎず、また、原告が税理士法人として確定申告業務を受任していたにすぎない被告において、委任者である原告の意向に沿って原告が税務処理上の最終的な意思決定を行うために必要な税務上の情報を十分提供していたということができるから、原告の平成25年11月期の確定申告業務の遂行に当たって、原告主張のような被告の債務不履行があるとは認められない。

解　説

1　事案の概要

　本件は、法人税の申告業務を受任していた税理士法人が、役員退職金の支給に関する助言を怠ったことによる損害賠償請求を主位的に、欠損金の繰戻しによる還付請求をしなかったことによる損害賠償請求を予備的にされた事案である。

2　本件における争点

(1) 本件の争点は、以下の2点である。
　1　役員退職金に関する助言義務違反の有無
　2　欠損金の繰戻しによる還付請求をしなかったことが注意義務違反になるか
(2) 争点1について、裁判所は、役員の退職及びその退職時期を決定するのは当該会社の役員自身の意思決定に委ねられるべきこと、被告税理士法人は、原告が経営上の最終的な意思決定を行うために必要な税務上の情報を十分提供していたことから、債務不履行があるとは認められないとした。
(3) 争点2について、裁判所は、欠損金の繰戻しによる還付請求を行わないこととしたのは、税務調査の回避という原告の意向に正に合致した措置を選択した結果にすぎないこと、被告税理士法人は、原告が税務処理上の最終的な意思決定を行うために必要な税務上の情報を十分提供していたことから、債務不履行があるとは認められないとした。

3　動かし難い事実

　訴訟において、税理士の損害賠償義務を否定されるためには、その前提としての事実が税理士に有利に認定されなければならない。事実をどのように認定

するかについては、個々の裁判官毎に異なるのであるが、裁判官の事実認定の手法について、「民事訴訟における事実認定」（司法研修所編、法曹界）では、次のように説明されている。

　裁判官が訴訟において事実認定をする時には、事件の中で「動かし難い核となる事実」をいくつか見つけて、それらを有機的につないでいって、重要な事実関係が、いわば仮説として構成されていく、その過程で、その仮説では証明できない証拠が動かし難いものとして出てきたときは、その仮説をご破算にして新しい目で見直してみる、という方法である。

　次のようなプロセスを辿る。

① 　動かし難い事実をいくつか見つける
② 　動かし難い事実を有機的につなげる
③ 　動かし難い事実をつないだ仮説としてのストーリーを作る
④ 　仮説ストーリーと矛盾する動かし難い証拠が出てきたら、仮説を作り直す
⑤ 　繰り返す

「動かし難い事実」の例としては、たとえば、甲が乙から土地を贈与されたと主張し、乙は甲に対して売却したとの反論をしている場合に、代金が支払われていないこと、すでに土地建物が乙から甲に引き渡されていること、は、動かし難い事実である。この２つをつなげると、まだ推認としてはかなり弱いが、贈与があったとの仮説のストーリーができる。しかし、その後、土地の所有権が乙から甲に移転した登記があり、移転原因が売買である場合、この登記は動かし難い事実となる。また、これに先立ち、乙が不動産業者に依頼して本件土地建物を売りに出した証拠がある場合、これも動かし難い事実である。「乙は不動産業者に依頼して本件土地建物を売りに出し、その後、甲に対して売却した」という仮説のストーリーも成り立つので、また仮説を作り直す必要が生ずる。

　そして、そのストーリーを作る際には、経験則を用いることになる。経験則というのは、「経験から帰納して得られる事物の性状や因果関係等についての知識や法則」をいう。

　たとえば、

「このような場合には、必ずこのようなことが生ずる」（必然性）
「このような場合には、通常、このようなことが生ずる」（蓋然性）
「このような場合には、このようなことが生ずることがある」（可能性）
と紹介されている。

経験則に関する最高裁判例としては、以下のようなものがある。
(1) 借主が借用証を所持している場合、特段の事情がない限り、借金は返済されたものと推認すべき（最高裁昭和38年4月19日判決）。
(2) 契約書等に署名捺印した者は、特段の事情がない限り、その記載内容を了解して署名捺印したものと推認すべき（最高裁昭和38年7月30日判決）。
(3) 契約書や領収書などの重要な書証がある場合には、特段の事情がない限り、その記載どおりの事実を推認すべき（最高裁昭和32年10月31日判決）。

税理士としては、助言した事実、納税者が選択判断した事実、税法適用の前提として認定した事実などについて、それぞれの事実が動かし難い事実になるよう常に証拠化に努めることが望ましい。

4　回避ポイント

(1) 本件で、原告は、税務調査において否認される可能性の高い金額の役員退職金を支給し、被告税理士法人は、それに沿って税務処理をしている。また、欠損金の繰戻しによる還付請求ができたにもかかわらず、被告税理士法人は、これを行っていない。それにもかかわらず、被告税理士法人の善管注意義務違反は否定された。その理由は、①経営上の意思決定を行うのは、最終的には納税者自身であること、②税理士法人は、その意思決定を行うための税務上の情報を十分に提供していたこと、による。

(2) 特に、②が重要であり、税理士としては、単に形式的に税務上の説明をすれば足りるわけではなく、原告が税務上の有利不利を踏まえて経営上、及び税務処理上の最終的な意思決定ができるよう「十分な」情報を提供する必要がある。ここでは、情報提供の程度が問われることになる。

例えば、納税者が役員退職金の限度額の検討を税理士に依頼した場合、「●●円が限度であり、これ以上の金額を支給すると否認される可能性が高い。」

との助言にとどめた場合には、情報提供が不十分となる可能性がある。なぜなら、税務の素人である納税者としては、役員退職金が否認される「結果、自社に具体的にどのような不利益があるのか」を理解していない可能性があるためである。したがって、ここでは、税務調査で否認されると、損金算入が否定され、その結果、●●円程度の追加の課税リスクが生ずるというところまで情報提供をすることが望ましい。納税者がここまで理解できれば、それを踏まえて、納税者において、有利不利を踏まえて経営上、及び税務処理上の最終的な意思決定ができることになる。

　本件では、被告税理士法人は、原告が税務上の有利不利を踏まえて経営上、及び税務処理上の最終的な意思決定ができるよう、口頭による説明に加えて書面による説明まで行っていたこと、それも個別具体的に助言していたこと、などが評価された。

(3) また、本件では、書面で説明していたことも勝敗に大きく寄与したものと推測される。裁判所は、事実認定を証拠に基づき行うが、書面などの客観的な証拠がない場合には、状況証拠や法廷における証言などに頼らざるを得ない。この場合、税理士が助言をしたという客観的な証拠がない場合には、その助言どおりの状況が残っていないわけであるから、いくら「助言をした」と税理士が主張しても、裁判所としては、助言があったことを認定しづらい。

　したがって、特に本件のように、税理士の助言と異なる税務処理をする場合や納税者にとって不利な税務処理をする特別な事情がある場合などには、書面により詳しい情報提供をしておくことが望ましい。さらに、可能であれば、将来納税者に不利益が生じたとしても、税理士に損害賠償請求をしない旨の債務免除を得ておくことが望ましい。

遺言に基づかない相続税申告による不必要な相続税納付（税理士敗訴）

東京地裁平成30年2月19日判決（TAINS　Z999-0172）

> 遺言により遺産の全てを取得した原告が遺留分減殺請求を受けた相続税申告手続において、被告税理士が法定相続分に従った共同相続として申告を行ったことが善管注意義務に違反するとして損害賠償請求した事案。

事　案

(1) 原告は、亡A（以下「訴外A」という。）の子であり、同人の平成13年6月16日付け自筆証書遺言（以下「本件遺言」という。）により、その財産全部を相続するとされた者である。

B（以下「訴外B」という。）及びC（以下「訴外C」という。）は、訴外Aの子である。また、D（以下「訴外D」という。）及びE（以下「訴外E」という。）は、原告の子であり、訴外Aの養子である（以下、原告と上記4名をあわせて、「本件法定相続人ら」という。）。

被告Y1は、訴外Aの平成8年4月26日付け公正証書遺言により、遺言執行者に指定された弁護士である。

訴外Aは、平成25年10月11日に死亡した（以下、同人の死亡により発生した相続を「本件相続」という。）

被告Y2は、本件相続に係る相続税申告手続を行った税理士である。

訴外B及び訴外Cは、平成26年4月頃、原告に対し遺留分減殺請求に係る書面を送付した。

(2) 被告Y2は、原告、B、C、D、Eの代理人として、各相続人が法定相続分により相続したことを前提として、平成26年8月11日に郵便で相続税申告

書を税務署宛発送したが、原告、訴外Ｄ及び訴外Ｅ名義の税務代理権限証書が添付され、押印もされているが、訴外Ｂ及び訴外Ｃ名義の同証書は添付されておらず、押印もされていない。また、小規模宅地等についての相続税の課税価格の計算の特例の適用を受けるための「申告期限後3年以内の分割見込書」が添付されていた。

　遺言執行者である被告Ｙ１は、当初は本件法定相続人ら全員分の相続税として平成26年8月11日に352万1300円を納付したが、訴外Ｂ分及び訴外Ｃ分については税務代理権限証書の添付がないため受理されず、同年10月14日に、荒川税務署から原告の口座に上記両名分の130万6100円が返金された。

　被告Ｙ１は、税務代理権限証書を提出し、平成26年10月24日に、訴外Ｂ及び訴外Ｃの相続税として、合計130万4200円を相続財産から支払った。また、同年12月4日には、上記両名の相続税延滞税として各3800円、相続税加算税として各3万2500円の合計7万2600円を支払った。

(3)　原告は、Ｆ税理士に依頼して、平成27年10月29日に、本件遺言により自身が訴外Ａの遺産全部を相続したことを前提とする相続税の更正請求を行った。また、同日、訴外Ｄ及び訴外Ｅは、同税理士に依頼して、自身らに相続財産がないことを前提とする更正請求を行った。

　上記更正請求においては、取得財産の総額が当初申告額の1億2547万2886円から8981万0191円に、債務及び葬式費用の金額が当初申告額の286万4522円から480万0522円に、課税価格が当初申告額の1億2260万8364円から8500万9669円に更正され、これが基礎控除額の9000万円の範囲内であったため、相続税額はゼロとされた。

　原告は、Ｆ税理士から、更正請求について、同税理士の報酬規程に基づき、減額分の352万1300円を基礎としてこれに20パーセントを乗じ、基礎額10万円を加算した上で消費税相当額及び印書代を加算して算定した報酬額として87万2700円の請求を受け、平成28年2月19日にこれを支払った。

(4)　原告は、被告Ｙ２に対し、不必要な相続税の支払い、Ｆ税理士に支払った報酬に関する損害賠償、被告Ｙ２が受領した報酬の返還を求めて出訴した。

争点

1　不必要な相続税の納付に関する責任の有無
2　Ｆ税理士に支払った報酬についての賠償義務の有無
3　被告Ｙ２が受領した報酬の返還義務の有無

なお、原告は遺言執行者であったＹ１に対しても損害賠償を請求しているが、本稿では割愛する。

争点に対する双方の主張

1　不必要な相続税の納付に関する責任の有無

原告の主張	被告の主張
本件相続については、相続財産中の不動産の税務申告上の評価、葬儀費用及び戒名料の処理、租税特別措置法69条の４（以下「小規模宅地等の特例」という。）の適用、敷金の計上等を適切に行っていれば、相続税の納付は必要なかった。それにもかかわらず、被告Ｙ２は適切な算定を行わず、本件遺言の内容に反して、また、原告の同意を得ることもなく、本件法定相続人らの共同相続であることを前提に、相続税352万1300円が発生する旨の申告を行い、同額が相続財産から納付されることとなった。このことは、本件相続に係る相続税申告手続を受任した税理士としての善管注意義務違反に当たるから、被告Ｙ２は原告に対し損害賠償	遺留分が確定しない場合における相続税の申告方法は多様であり、被告Ｙ２が採用した方法も、相続人である原告の同意を得ている限りにおいては、法の許容するところであった。原告が指摘している各点についても、以下のとおり債務不履行と評価されるべき問題はなかった。 (ア)　小規模宅地等の特例の適用について 　　遺留分減殺が未解決のうちに相続税申告期限が到来する場合において、遺留分減殺請求の存在を考慮することなく全財産を相続したものとして申告して小規模宅地等の特例を適用するか、「申告期限後３年以内の分割見込書」を添付した上で同特

義務を負う。

例を適用することなく法定相続分での申告を行うかは、税理士により見解が分かれるところであり、被告Ｙ２が後者の方法を採用したことが善管注意義務違反に当たるとはいえない。

被告Ｙ２は小規模宅地等の特例を後日の更正請求において適用することを想定して上記分割見込書を添付したのであり、その結果として原告が後日行った更正請求において同特例が適用されたのであるから、そのような成果を全く否定することは信義則に反する。

(イ) 不動産の税務申告上の評価について

土地評価等の詳細については、後日の更正請求を前提にやや過大評価をしていたことは否めないが、後日の更正請求で是正する予定であることは原告も了承していた。

(ウ) 債務及び葬式費用、戒名料の一部控除漏れについて

敷金の計上を失念したことは認めるが、必要な書類の確認及び調査等は行っていた。また、原告の主張していた160万円という多額の戒名料について、客観的な裏付けもないのに控除対象とすることは適切ではなかった。

訴外Ａの相続財産は１億2547万

| | 2886円であったから、訴外B及び訴外Cの遺留分（各10分の1）は、それぞれ約1255万円となり、原告は上記両名に対して上記金額の遺留分返還義務を負う。原告の相続財産から上記両名のために137万6800円（争点1と争点4の合計額）が支出されたのであれば、上記遺留分返還義務と相殺して清算すれば足りるのであるから、原告に損害は生じていない。|

2　F税理士に支払った報酬についての賠償義務の有無

原告の主張	被告の主張
争点1で主張した被告Y2の不適切な算定の結果、原告はF税理士に更正請求を依頼することを余儀なくされ、そのための報酬として87万2700円を支払った。これは、被告Y2の上記債務不履行がなければ必要なかった支出であり、原告の意思が介在することなく税理士会の基準により定められた金額であるから、その全額が債務不履行と相当因果関係のある損害に当たる。	争点1で主張したとおり、被告Y2に債務不履行はない。 F税理士に対する報酬は、原告分の他、訴外D及び訴外E分も含まれていると考えられるし、原告自らの意思により決定された金額であるから、被告Y2の行為との間の相当因果関係がない。被告Y2は、将来の更正請求を自ら行うことを前提として報酬を算定していたのであり、原告が被告Y2に上記手続を依頼していれば、追加の費用は必要なかったはずである。

3　被告Y2が受領した報酬の返還義務の有無

原告の主張	被告の主張
以上で主張した被告Y2の債務不履行は重大なものであるから、原告はこれを	被告Y2に債務不履行はないから、原告の主張する解除の効力は生じていな

理由に被告Y2に対する相続税申告業務の委任契約を解除した。上記のような重大な債務不履行を行った被告Y2が受領済みの報酬を保持し続けることは、衡平の原理に反し、権利濫用として許されない。したがって、被告Y2は原告に対し、受領済みの報酬91万8000円の全額を返還すべき義務を負う。

い。また、仮に解除の効力が生じていたとしても、その効力は将来に向かってのみ生じるものであるから、既払の報酬につき返還義務が生じることはないし、その返還を拒絶することが権利濫用に当たるものでもない。

判決

1 争点1（不必要な相続税の納付に関する責任の有無）について
 (1) 被告Y2は本件相続に係る相続税申告業務につき、原告、訴外D及び訴外Eの税務代理権限は与えられていたものの、訴外B及び訴外Cの税務代理権限は有していなかったこと、本件相続税申告書が提出された平成26年8月頃の時点では、本件遺言により訴外Aの全財産を原告が相続するものとされる一方、訴外B及び訴外Cからは遺留分減殺請求がされており、かつ、相続税申告期限（同月11日）が切迫しつつある状況にあったこと、相続財産中には小規模宅地等の特例の適用対象となり得る不動産が含まれていたことなどの事情が認められる。
 (2) そのような状況下において相続税申告業務を行う税理士は、①小規模宅地等の特例を適用することなく法定相続分に従った共同相続として申告を行い、同時に「申告期限後3年以内の分割見込書」を提出することにより、後日の更正請求を可能にしておく、②遺留分減殺請求を考慮することなく遺言により全財産を相続したものとして申告し、小規模宅地等の特例を適用した上で、遺留分減殺が解決した後に更正請求をする、のいずれかの方法を選択することになるものと解され、被告Y2は①の方法を選択したものと考えられる。
 (3) 遺留分減殺請求権者である訴外B及び訴外Cとの間で従前から対立状態があった中で、上記①の方法を選択し、上記両名分の相続税を相続財産

から支出した場合、遺留分減殺の解決が長期化すればその間は本来原告が負担すべき税額を超えた支出状態が継続することになる可能性がある上、訴外B及び訴外Cから更正請求についての協力を得られないなどの事態も想定されたと考えられる。上記事実関係の下では、①の方法は②の方法と比較してリスクが高かったというべきであり、これを採用するのであれば、当該リスクの存在について十分に説明した上で原告の同意を得て行う必要があったというべきである。

(4) 以上を前提に検討すると、原告は、本件法定相続人らの共同相続として申告され、一定額の相続税を納付するとの内容の申告書に押印しており、その内容も一定程度は把握していたものと認められる。もっとも、遺留分減殺請求がされている状況下における相続税申告を共同相続として行うか否か、申告時において小規模宅地等の特例を適用するか否か、その適用の有無により課税額にどのような差異が生じるのかなどの点は、いずれも専門的知見に基づく判断を要するものであり、特段の知識を有していない一般人である原告においては、専門家である被告Y2の作成した申告書の当否につき独自に判断することは困難と考えられるし、上記①の方法を採用することによるリスクの存在及び内容等について十分な説明がされていたとも認め難いのであるから、上記押印の事実から直ちに、原告が上記①の方法を採用することに同意していたものと認めることはできない。

以上の事実関係の下では、被告Y2が上記①の方法を採用したことは不適切であり、相続税申告手続を受任した税理士としての善管注意義務に違反する行為であったというべきである。

2 争点2(F税理士に支払った報酬についての賠償義務の有無)について

(1) 争点1における認定によれば、被告Y2の善管注意義務違反により本件相続税申告書による相続税申告及びこれに基づく納付がされた結果、本来であれば納付の必要がなかった相続税352万1300円が相続財産から納付されているところ、そのような状況を是正するためには専門的知識を有する税理士に依頼して更正請求を行うことが不可欠であったと考えられるから、上記更正請求のための税理士費用は、相当な金額の範囲内において、被告Y2の債務不履行と相当因果関係のある損害に含まれるものと解され

(2) もっとも、原告がＦ税理士に支払った金額である87万2700円は、同税理士の報酬規程に基づき算定されたものであり、原告がこれに合意したことにより金額が確定したものと考えられるから、上記金額が当然に相当な報酬額に当たるものということはできない。Ｆ税理士が行った業務の内容その他の事情を総合考慮すれば、これについての相当な報酬額は、更正請求減額（352万1300円）の10パーセントである35万2130円と認めるのが相当である。

(3) なお、Ｆ税理士との契約は、形式上は原告、訴外Ｄ及び訴外Ｅの３名が当事者になっていたものと考えられるが、訴外Ｄ及び訴外Ｅが納税義務者とされていたのは被告Ｙ２の債務不履行の結果であり、報酬請求も原告のみに対してされ、原告が全額を支払っていること等の事情からすれば、上記損害はその全額が原告につき発生したものと認められる。

3 争点３（被告Ｙ２が受領した報酬の返還義務の有無）について
(1) 争点１における認定によれば、被告Ｙ２による本件相続に係る相続税申告業務には債務不履行があったのであるから、原告が同人との契約を解除することにより、既払報酬のうち業務の未履行部分に対応する範囲については返還義務が生じる余地があることになる。
(2) もっとも、上記業務の性質上、既履行部分と未履行部分を量的に区別するのは困難であることに加え、争点１及び争点２で認定した損害が賠償されることにより、被告Ｙ２が適切な業務を実施した場合と同様の利益状態が実現することからすれば、被告Ｙ２が争点１及び争点２における認定額に加えて既払報酬の全部又は一部の返還義務を負うことはないものというべきであり、そのように解する結果として被告Ｙ２が既払報酬を保持することになったとしても、これが権利濫用に当たると評価することはできない。

解　説

1　事案の概要

　本件は、遺言により遺産の全てを取得した原告が遺留分減殺請求を受けた相続税申告手続において、被告税理士が、遺言に基づかずに法定相続分に従った共同相続として申告を行ったことによって、不必要な相続税を納税するなどして損害を被ったとして、損害賠償請求された事案である。

2　本件における争点

(1)　本件における争点は、以下の3点である。
　　1　不必要な相続税の納付に関する責任の有無（争点1）
　　2　F税理士に支払った報酬についての賠償義務の有無（争点2）
　　3　被告Y2が受領した報酬の返還義務の有無（争点3）
(2)　争点1について、裁判所は、被告税理士が法定相続分に従った共同相続として申告したことは判断を誤ったものだとして、損害賠償責任を認めた。
(3)　争点2について、裁判所は、相当因果関係のある損害として、その一部を認めた。
(4)　争点3について、裁判所は、返還義務を否定した。

3　有利な税務処理を選択する義務

(1)　税理士の注意義務の1つとして、有利選択義務がある。税務処理においては、複数の処理の選択肢がある場合が多いが、このような場合においては、税理士は、法令の許容する限度で依頼者に有利な方法を選択すべきとする義務である。

　この点について、名古屋地裁平成28年2月26日判決（TAINS　Z999-0170）は、相続人である原告が、相続税の納付をするために相続した株式を売却し

て納付したところ、相続税の申告業務を受任した税理士法人が物納について説明助言をしていれば株式を売却することはなかったとして、相続開始時の株価とリーマンショックにより下落した株式の売却価額の差額について、損害賠償を請求した事案について、「被告は、原告との間で締結した準委任契約上の善管注意義務を負い、委任者の説明内容や関係法令、制度を適切に確認、調査の上、委任者において適正な納税を行い、かつ、最も利益となるように申告手続及び納付手続を行うべき注意義務、そのための助言指導義務を負っていると解すべきである。」と判示した。

　東京地裁平成7年11月27日判決（TAINS　Z999-0019）は、相続税の財産評価を誤るとともに、配偶者に対する税額軽減を適用せずに相続税申告書を作成、提出した事例について、税理士は、「税務の専門家として、租税に関する法令、通達等に従い、適切に相続税の申告手続をすべき義務を負うことはもちろん、納税義務者たる」依頼者の「信頼にこたえるべく、相続財産について調査を尽くした上、相続財産を適切に各相続人に帰属させる内容の遺産分割案を作成、提示するなどして、」依頼者に「とってできる限り節税となりうるような措置を講ずべき義務をも負う」と判示している。

(2)　本件では、税理士としては、①小規模宅地等の特例を適用することなく法定相続分に従った共同相続として申告を行い、同時に「申告期限後3年以内の分割見込書」を提出することにより、後日の更正請求を可能にしておく、②遺留分減殺請求を考慮することなく遺言により全財産を相続したものとして申告し、小規模宅地等の特例を適用した上で、遺留分減殺が解決した後に更正請求をする、という2つの選択肢があったことから、どちらがより依頼者にとって有利であるかを検討することが求められる。

4　回避ポイント

(1)　裁判所は、①と②の2つの方法があることを前提として、判断をしているが、2020年4月の民法改正前は、遺留分減殺請求の意思表示をすると、遺留分を侵害する遺留分を侵害している限度で遺言の効力が失われ、その部分の所有権等は遺留分減殺請求者に帰属した。したがって、それを前提として相

続税の申告をし、後日、遺留分減殺請求の紛争が解決した時点で更正又は修正申告をする、という第三の方法もあるものと考える。

　本件で、税理士が①の方法を選択した理由は不明であるが、遺言があったことから、当然②の選択肢も検討したと推測される。したがって、①の方法と②の方法の有利不利を検討することが必要となる。

(2)　この点、②の方法を選択すれば納付税額はゼロになるのに対し、①の方法を選択すると、本来原告が負担すべき税額を超えた納税をする必要がある。また、本件では、税理士はB及びCの相続税申告をして、遺産の中からその部分の納税をしているが、原告とB及びCとの間では、従前から対立状態があったということなので、遺留分減殺の解決が長期化すればその間は本来原告が負担すべき税額を超えた支出状態が継続することになる可能性がある。また、後日、遺留分減殺が解決したとしても、B及びCから更正の請求についての協力を得られない可能性もある。したがって、②よりも①の方がリスクが高いこととなる。

　したがって、原告から相続税申告について依頼を受けた税理士としては、上記リスクを原告に説明し、②の申告方法を採用するよう助言する必要がある。

　その結果、何らかの理由により原告が①の方法を選択することもあり得るが、その場合には、原告に不利な方法を選択することになるので、原告に対して有利不利の説明をしたこと、原告が①の方法を採用する理由などについて、文書などで証拠化しておくことが望ましい。

(3)　なお、証拠化にあたっては、相手の署名押印を得ることが望ましいが、それができない場合には、説明等が相手に到達したことを証明できる方法で証拠化することが望ましい。たとえば、内容証明郵便、書留、メール（相手からの返信をもらう）、LINE（「既読」で証明できる）などである。

　自らの事務所内で作成する業務処理簿などでは不足である。東京地裁令和3年7月20日判決（ウエストロー・ジャパン　2021WLJPCA07208002）は、税理士被告が、原告の税務代理人として原告の消費税及び地方消費税の確定申告をするにあたり、原告にとって有利な簡易課税制度を選択し得ることを説明せず、簡易課税制度を選択せずに確定申告をしたことにより、原告に過大

な税額の納付を余儀なくさせて損害を被ったとして、原告が債務不履行に基づく損害賠償請求をした事案であるが、裁判所は、「業務処理簿には、平成28年11月24日の業務内容として、「(株) X」「決算　消費税申告」「消費税制度説明　原則で受任」との記載があるが、上記業務処理簿は、被告がBと面談した日に作成したとする部分の抜粋であり、その前後の記載内容は明らかでない。平成28年11月24日の記載部分を見ても、「消費税制度説明　原則で受任」等の記載がされた欄以下の欄は全て空欄となっており、上記記載が後に書き加えられた可能性も否定できない。上記業務処理簿は、その体裁自体から高い信用性を有するものとはいえず、被告の上記供述の裏付けとして十分なものとはいえない。」として、業務処理簿の信用性が十分でないとした。

取引実態と乖離した確定申告に係る損害賠償請求
（税理士勝訴）

東京地裁平成27年11月26日判決（D1-Law.com　29015538）

> 税理士が、原告らの間の取引実態に応じた適切な税務処理を行わず、本来の取引実態とは乖離した虚偽の仕訳を行い、それに基づき確定申告をした結果、原告らが損害を被ったとして損害賠償請求された事例。

事　案

(1)　原告Ｘ１は、精神科、美容外科等を専門とする医師であり、原告Ｘ２は、医療業などを目的とした会社の株式を所有することにより当該会社の事業活動を支配、管理することなどを目的とする株式会社である。

　原告Ｘ１は、Ｃ税理士に原告Ｘ１の平成18年分及び平成19年分の決算書類及び確定申告書の作成並びに税務申告を行うことを委任した。

　原告Ｘ２は、Ｃ税理士に平成19年３月期事業年度及び平成20年３月期の決算書類及び確定申告書の作成並びに税務申告を行うことを委任した。

　Ｃ税理士は、平成23年12月31日に死亡し、Ｂが唯一の相続人となった。被告は、Ｂが平成24年10月17日に東京地方裁判所において破産手続開始決定を受けたことに伴って選任された破産管財人である。

(2)　原告Ｘ２には４名ほどの従業員がおり、その中の経理を担当する従業員が、クリニックで仕入れた薬剤等の代金や宣伝広告費の支払の作業をしていた。

　原告らから税務申告等を委任されたＣ税理士は、原告Ｘ１及び原告Ｘ２の売上を把握するため、売上日報の作成を指示し、原告Ｘ１は、上記経理担当従業員をして売上日報を作成させていた。また、Ｃ税理士は、原告Ｘ１及び原告Ｘ２の経費を把握するため、原告Ｘ１に対し、大学ノートを見開きにして右側に領収書を、左側に原告Ｘ１と原告Ｘ２の経費を記載したものを作

成するように指示し、原告X2の経理担当従業員は、上記指示に沿った資料を作成し、会計事務所の従業員に対し、同資料を定期的に提供していた。

　本件委任契約が締結された当時、原告X1経営のクリニックによる薬剤等の仕入代金や、同クリニックの家賃、従業員の給料の支払、外部業者に依頼していた広告宣伝費等の経費は、原告X2名義の預金口座から支払われることになっていた。そこで、原告X1は、担当従業員に指示をして、原告X1経営のクリニックで患者から支払われた診療報酬のうち上記経費に必要な資金を、原告X2名義の預金口座に対して定期的に振込送金していた。また、上記以外の交通費や接待交際費などの経費については、原告X1名義のクレジットカードによって決済されていたところ、その支払は原告X1名義の預金口座からされていた。そこで、原告X1は、経理担当従業員に指示をし、原告X2に送金された上記資金の一部を原告X1名義の預金口座に送金させていた。

　原告X1は、クレジットカードを用いて支払った交通費や接待交際費に係るカード明細や、原告X1名義の預金口座から現金を引き出して経費の支払に充てた際の領収書を、原告X2の経理担当従業員を通じてC税理士に渡すようにしていた。

　もっとも、原告X1は、平成19年ころ、当時婚約していた者と翌年に行う予定であった披露宴のための資金繰りに窮し、原告X1が経営するクリニックの事務員に対し、患者から支払われた料金を売上として計上せずに、原告X1に対して渡すように指示し、約2000万円の現金を上記披露宴のための資金として費消した。また、原告X1は、平成20年ころにも、原告X1経営のクリニックの事務員に対し、患者から支払われた料金のうち約60万円を現金として売上に計上せずに原告X1に対して渡すように指示し、同金員を費消した。原告X1は、上記のようにしてクリニックの売上として計上せずに自己のために費消した金員について、帳簿等に記録を残したことはなく、また、C税理士に対して事実を伝えたこともなかった（原告X1）。

(3)　C税理士は、原告X2の平成19年3月期に係る会計帳簿において、原告X1に対する売掛金として、平成18年12月31日に5767万4456円を、平成19年3月31日に1512万円を、それぞれ一括計上した（甲5）。他方、C税理士は、

原告X1の平成18年分に係る確定申告書添付の平成18年分所得税青色申告決算書（一般用）のうち、損益計算書の「仕入金額」欄に7870万8561円と記載し、上記原告X2の原告X1に対する売掛金に対応する原告X1の仕入として、原告X1の仕入元帳に記載された平成18年分の仕入額合計2203万4105円との差額5667万4456円（ただし、上記売掛金と100万円の差がある。）を計上した（甲1）。

また、C税理士は、原告X2の平成20年3月期に係る会計帳簿において、原告X1に対する短期借入金として、平成19年12月31日に1億0800万円を一括計上した（甲6）。他方、C税理士が作成した原告X1の平成19年分に係る会計帳簿には、上記短期借入金に対応して事業主貸とする仕入として、平成19年12月31日に1億0800万円を一括計上した（甲7）。

また、C税理士は、原告X2の平成20年3月期の決算仕訳において、平成20年3月31日、現金勘定から、4489万2000円を業務委託料に、3003万9063円を広告宣伝費に、それぞれ振替処理するとともに、600万円の接待交際費を広告宣伝費に振替処理した（甲6）。C税理士は、上記の各会計処理を前提に、原告X1の平成18年分及び平成19年分の確定申告を行い、また、原告X2の平成19年3月期及び平成20年3月期の確定申告を行った（以下、上記各確定申告を総称して「本件確定申告」という。甲1、11～13）。

(4) 原告らは、平成21年1月ころ以降、東京国税局から税務調査を受けた。

　ア　東京国税局は、原告X1の平成18年分申告につき、原告X1の原告X2に対する支払手数料として計上した5667万4456円は過大であって過少申告加算税の対象となること、上記支払手数料の計上は原告X1の平成18年分の所得税の負担を不当に減少させる結果となると認められるので、原告X2への支払手数料（経費）として認めるのは2964万9265円の限度であることなどを指摘した。

　イ　東京国税局は、原告X1の平成19年分申告につき、原告X1の原告X2に対する支払手数料として計上した1億0800万円は、原告X1の平成19年分の所得税の負担を不当に減少させる結果となると認められるので、原告X2への支払手数料が過大であってその全額が過少申告加算税の対象となることなどを指摘した。

また、東京国税局は、原告Ｘ１がクリニック事務員に指示して自己のために費消した2168万7000円は現金売上除外に当たり、重加算税の対象となることを指摘した。
ウ　東京国税局は、原告Ｘ１の平成20年分申告につき、原告Ｘ１の原告Ｘ２に対する支払手数料として計上した１億0026万3343円は過大であって過少申告加算税の対象となること、上記支払手数料の計上は原告Ｘ１の平成20年分の所得税の負担を不当に減少させる結果となると認められるので、原告Ｘ２への支払手数料（経費）として認めるのは5640万0359円の限度であることなどを指摘した。

　　また、東京国税局は、原告Ｘ１がクリニック事務員に指示して自己のために費消した66万円は現金売上除外に当たり、重加算税の対象となることを指摘した。
エ　東京国税局は、原告Ｘ２の平成20年３月期申告につき、決算仕訳において、4489万2000円の現金を業務委託費に、3003万9063円の現金を広告宣伝費に、600万円の接待交際費に、それぞれ振替処理が行われており、これらには重加算税が課されることを指摘した。
オ　原告らは、平成22年２月ころ、修正申告を慫慂され、東京国税局からの上記慫慂に基づき、修正申告をした。

争　点

1　Ｃ税理士の債務不履行又は不法行為の有無
2　原告らが被った損害の有無及びその額

取引実態と乖離した確定申告に係る損害賠償請求（税理士勝訴）　　*169*

争点に対する双方の主張

1　C税理士の債務不履行又は不法行為の有無

原告らの主張	被告らの主張
原告X1は、原告X2に対し、原告X1がクリニックを運営する上で必要な薬剤仕入や広告宣伝等の業務代行を委託していた。具体的には、原告X2が原告X1に代わって薬剤仕入れに係る事務手続を組織的に資金管理して行ったり、原告X2が原告X1のために広告宣伝業務を行ったりしていた。原告X1と原告X2との間のこのような取引の実態によれば、本来、原告X1には、クリニックによる診療売上が計上される一方、仕入先に対する薬剤仕入代金並びに原告X2に対する薬剤仕入代行業務及び広告宣伝代行業務に関する適正な業務委託料が経費として計上されるべきであった。また、本来、原告X2には、原告X1からの適正な業務委託報酬が売上として計上される一方、薬剤仕入代行業務及び広告宣伝代行業務に関する販売費及び一般管理費などが経費として計上されるべきであった。 　ところが、C税理士は、原告らから、原告らの上記取引活動に関する売上及び経費の報告を適宜適切に受けていたにもかかわらず、原告らの上記取引実態を正	原告X2には経理担当従業員が在籍しており、原告X2だけでなく原告X1の経理をも含めて月次の試算表の作成又はその原資料となる請求書や領収書などの帳簿書類の作成及び管理を行っていた。C税理士は、会計事務所の事務員を通じ、原告X2から交付された各書類に基づき、原告X1の平成18年分及び平成19年分の申告、並びに、原告X2の平成19年3月期及び平成20年3月期の申告を行った。しかも、C税理士は、各申告の内容に関し、原告X2の代表者でもあった原告X1に対し、詳しく説明をしていた。 　原告X1と原告X2との間の業務委託手数料などは、原告X1が決めるものであって、C税理士は何らの関与もしていないものである。C税理士は、原告X1と原告X2との申出に基づき、手数料を計上したにすぎない。結果として、課税当局により業務委託手数料が過大であると評価されたが、それを決めたのは原告X1である。C税理士の後、原告X1の平成20年分の申告を行ったのはD税理士（以下「D税理士」という。）であるが、同申告についても、課税当局から、

確に把握せず、仕入先に対する薬剤仕入が、原告X1ではなく、原告X2に帰属するものと誤解する一方、原告X2の原告X1に対する薬剤仕入代行業務及び広告宣伝代行業務に関する業務委託報酬（原告X1にとっては経費たる業務委託料）を全く認識しなかった。その結果、原告X1にはクリニックによる多額の診療売上が計上される一方、これに対応する経費は全く計上されず、他方、原告X2には原告X1に対する売上が全くない一方、販売費及び一般管理費などを含めた多額の経費が計上されることとなり、原告X1の申告所得が、本来よりも大幅に多額となる一方、原告X2には本来よりも大幅な赤字を計上せざるを得ないという事態を生じた。

C税理士は、原告X1の平成18年分及び原告X2の平成19年3月期の申告を控え、上記事態に気付き、上記事態を避けるべく、実際には原告X1と原告X2との間で薬剤仕入取引は全く行われていないにもかかわらず、平成18年12月31日に5767万4456円、平成19年3月31日に1512万円の合計7279万4456円の薬剤仕入取引を架空計上した。そして、その翌年も同様の理由から、実際と異なり、平成19年12月31日に1億0800万円の薬剤仕入取引を架空計上した。さらに、C税理士は、原告X2の平成19年3月期までに合計7279万4456円の架空売上を計上したこと

原告X1から原告X2への支払手数料が過大であるという指摘がされている（甲14）。

課税当局の指摘の中で最も悪質で脱税とも評価しうるものは、平成20年3月期の原告X2の経費への振替処理である。この現金から業務委託費及び広告宣伝費への振替処理、接待交際費から広告宣伝費への振替処理は、C税理士が原告X2から交付された同社及び原告X1に係る帳簿書類等を信用して行ったものにすぎない。仮に、C税理士が脱税とも評価しうる悪質な振替処理に関与し、指導、助言し、又は隠蔽工作を自ら行っていたとしたら、財務大臣はC税理士に対して厳重な懲戒処分を行っているはずであるが、C税理士には、何らの資格上の処分も行われていない。このことは、C税理士が原告X1、原告X2から提出された資料に基づいて申告を行ったにすぎず、上記振替処理にC税理士が関与していないことを国税局も認めていることを意味するというべきである。

の辻褄合わせとして、全く実態を欠くにもかかわらず、平成20年3月31日に、4489万2000円の業務委託料、3003万9063円の広告宣伝費、4048万円の借入金返済取引を架空計上した。さらに、C税理士は、同日、全く実態を欠くにもかかわらず、600万円の接待交際費を広告宣伝費へと振替処理をした。

以上のとおり、C税理士が、原告X1と原告X2との間の取引実態に応じた適切な税務処理を行わず、本来の取引実態とは乖離した虚偽の仕訳を行い、それに基づき確定申告をした結果、原告らは修正申告をせざるを得なくなった。C税理士には、本件委任契約の善管注意義務違反があり、債務不履行ないし不法行為が成立する。

2 原告らが被った損害の有無及びその額

原告らの主張	被告らの主張
原告X1が被った損害額は合計1億4464万0386円、原告X2が被った損害額は合計7353万4945円になる。 ア 原告らが本来納付する必要がなかった税額（原告X1：1億1560万3777円、原告X2：5418万2400円） 　原告X1は、修正申告の結果、所得税、消費税、事業税及び住民税として合計9841万2592円、過少申告加算税として合計785万2385円、延滞	事実は不知、法的主張は争う。

税及び延滞金として合計933万8800円の追加納税を余儀なくされ、原告Ｘ２は、修正申告の結果、法人税、消費税、事業税及び住民税として合計3759万8300円、重加算税及び重加算金として合計1136万3800円、延滞税及び延滞金として合計522万0300円の追加納税を余儀なくされた。

イ 原告らが修正申告に要した費用（原告Ｘ１：356万0133円、原告Ｘ２：534万0200円）

　原告Ｘ１及び原告Ｘ２は、東京国税局からの修正申告の慫慂に応じざるを得なかったため、Ｅ税理士（以下「Ｅ税理士」という。）に対して東京国税局からの指摘に対応した修正申告書の作成等を依頼し、それぞれの報酬として534万0200円を支払った。原告Ｘ１が支払った534万0200円のうち、本件で問題となった平成18年分及び平成19年分の修正申告の費用は、上記支払報酬額の3分の2に相当する356万0133円である。また、原告Ｘ２が支払った534万0200円については、本件で問題となった平成20年3月期の修正申告のみが対象となっていたので、その全額が本件に係る修正申告の費用である。

ウ 原告らがＣ税理士に支払った報酬相当額（原告Ｘ１：732万7350円、原告Ｘ２：732万7350円）

原告らは、C税理士との間で、月額基本報酬を30万円とする顧問契約を締結し、さらに、確定申告書作成業務等については別途報酬の取り決めをし、C税理士に対し、合計1465万4700円を支払ってきた。しかし、C税理士が行った税務処理は、意図的に架空の経費計上を繰り返すなど、あまりにも悪質なものであったから、結局、上記支払報酬額を按分した732万7350円が、原告X1及び原告X2がそれぞれ被った損害となる。

エ　精神的損害（原告X1：500万円）

　原告X1は、被告による悪質な税務処理の結果、東京国税局から税務調査を受け、さらに、修正申告の慫慂を受けてこれに応じることとなったため、「1億円所得隠し」「申告漏れ総額は約3億円」などといった報道をされた。上記報道により原告X1が受けた精神的苦痛は甚大であり、その精神的損害を慰謝するための慰謝料額は500万円を下らない。

オ　原告らが被った弁護士費用相当額（原告X1：1314万9126円、原告X2：668万4995円）

判　決

1　C税理士は、原告X1に対し、原告X1及び原告X2の会計処理に必要な資料の提出を依頼した上、原告らから提出された資料を基に会計処理や確定申告を行ったものの、J税務署による税務調査への対応の際には、原告X1のクレジットカードの明細などの説明資料が足りなかった状況にあったのであり、C税理士による平成18年12月31日の5767万4456円の一括計上や、平成19年12月31日の1億0800万円の一括計上は、原告X1からの不十分な資料の提出に起因して行われた会計処理であったといえる。そして、認定事実のとおり、平成20年ころ以降にD税理士と原告X1との間で原告X2と原告X1経営のクリニックとの役割を明確に区分する打合せが重ねられていることからすると、平成18年及び19年当時、原告X2と原告X1との間の事業構成上の役割分担は、原告ら自身においても明確であったとはいえず、原告X1及び原告X2は、的確な会計処理に必要にして十分な資料を適時適切にC税理士に提出すべきことを全く自覚していなかったということができる。このことは、原告X1が、平成19年に約2000万円を自らが経営するクリニックの事務員に現金売上から除外して原告X1自身に渡すように指示し、かつ、これをC税理士には伝えていなかったことからも明らかである。

2　上記のように、原告らによる資料の保存及び提出が全く不十分であり、かつ、当時、それ以上の資料の提出をそもそも見込むことができなかった状況の下で行われたC税理士による上記一括計上の会計処理は、C税理士の会計処理を概ね踏襲したD税理士においても、平成20年12月31日に仕入金1億0026万3343円を一括計上するなどの会計処理をしていることや、いずれの一括計上に関しても東京国税局が支払手数料としての計上が過大であって過少申告加算税の対象となる旨を指摘していたことなどに照らせば、結果として課税当局から認められることがなかったものの、少なくとも委任者との関係においては、具体的な状況下における税務処理としてあり得る処理内容であったということができる。

3　また、認定事実によれば、原告X2の平成20年3月期の決算仕訳において、

C税理士が現金を業務委託費及び広告宣伝費に、接待交際費を広告宣伝費に振替処理をしたことに関し、東京国税局が上記処理には重加算税が課される旨の指摘をしたものの、C税理士は、原告らから不十分な資料の提供しか受けていなかった。上記の説示、判断のとおり、原告X1及び原告X2において、的確な会計処理に必要にして十分な資料を適時適切に税理士に提出すべきことを全く自覚的していなかった当時の状況の下では、原告らが的確な会計資料を保存していることは見込めず、原告らから提供された不十分な資料の基で会計処理を行わざるを得なかったのであって、それ以上に、C税理士において、不足資料の提出を指示したり、原告らの資金の取扱いを直ちに是正したりしたことがなかったとしても、C税理士に上記会計処理に関して資格上の行政処分等がされたことがなかったことなどに照らせば、C税理士による上記振替処理に係る会計処理は、結果として課税当局から認められるものではなかったものの、少なくとも委任者との関係においては、税理士としての委任者の利益のためにされたやむを得ない処理内容であったということができる。

4　以上のとおり、C税理士は、上記の会計処理を前提に本件に係る各確定申告を行った結果、修正申告の慫慂を受けるに至ったことはやむを得ないものであったということができるから、C税理士において、委任者である原告らとの関係において、善管注意義務に違反した債務不履行ないし不法行為があったということはできない。

解　説

1　事案の概要

　本件は、税理士が、原告らの間の取引実態に応じた適切な税務処理を行わず、本来の取引実態とは乖離した虚偽の仕訳を行い、それに基づき確定申告をした結果、原告らが損害を被ったとして損害賠償請求された事案である。

2 本件における争点

(1) 本件の争点は、以下の2点である。
   1　C税理士の債務不履行又は不法行為の有無
   2　原告らが被った損害の有無及びその額
(2) 争点1について、裁判所は、原告らが不十分な資料の提供をしていた状況においては、被告に善管注意義務違反があったとはいえないと判断した。その結果、争点2を検討するまでもなく、原告らの請求を棄却している。

3 同族会社の行為計算否認規定

(1) 本件で国税局から原告らが受けた指摘の中に、支払手数料の計上は原告X1の所得税の負担を不当に減少させる結果となると認められるので、原告X2への支払手数料（経費）として認めるのは●円の限度であることなどを指摘した、というものがある。判決の中では明らかになっていないが、これは、所得税法157条の同族会社の行為計算否認規定の適用であると推測される。
(2) 同族会社の行為計算否認規定は、「その行為又は計算にかかわらず、税務署長の認めるところにより、その居住者の各年分の…（確定所得申告）…に掲げる金額を計算することができる。」というものであり、計算の基準が明確に定められていない。

　取引の金額に一般的な相場があるような取引であれば、計算は比較的容易にできる。たとえば、高松地裁平成24年11月7日判決（TAINS　Z262-12089）は、個人が、自分が代表者である会社に対して土地を賃貸し、会社が第三者に転貸していた事案において、会社が得ている賃料と比較して、Yが会社から受領している賃料が不当に低額であるとして、同族会社の行為計算の否認により、所得税法157条1項により更正処分をした。この事案において、裁判所は、「転貸方式を採用している場合における不動産所得に関する所得税法157条1項の適用の有無の判断にあたっては、管理委託方式を基にした算定方法（適正な管理料割合に基づいて算定した適正な管理料相当額を転貸料収入から控除して適正な賃貸料を算定する方法）により適正な賃貸料を算定し、こ

れと実際の賃貸料を比較することにより、賃貸料収入が経済的合理性を欠き、所得税の負担を不当に減少させるものと評価できるかを検討すべきである。」とし、原告納税者と業種、業態、不動産の所在地、事業規模等が類似する比準同業者を抽出して計算した適正な管理料割合を基準として計算した。

(3) しかし、本件で、被告Ｘ２が行っていたのは、不動産の賃借、従業員の雇用、薬剤等の仕入れ、宣伝広告等のクリニックの運営に関わる一切の業務であり、業種、業態、不動産の所在地、事業規模等が類似する比準同業者を抽出するのが簡単ではないと推測される。本件では、原告は修正申告に応じており、また、被告も争っていないが、同族会社の行為計算否認の適用の是非も争点となりうる。なぜなら、同族会社の行為計算否認規定により引直された金額が変われば、過少申告加算税、延滞税の金額も変わるからである。

4　回避ポイント

(1)　本件で、裁判所は、「的確な会計処理に必要にして十分な資料を適時適切に税理士に提出すべきことを全く自覚的していなかった当時の状況の下では、原告らが的確な会計資料を保存していることは見込めず、原告らから提供された不十分な資料の基で会計処理を行わざるを得なかった」として、Ｃ税理士において、委任者である原告らとの関係において、善管注意義務に違反した債務不履行ないし不法行為があったということはできないと判断した。そして、「それ以上に、Ｃ税理士において、不足資料の提出を指示したり、原告らの資金の取扱いを直ちに是正したりしたことがなかったとしても、…少なくとも委任者との関係においては、税理士としての委任者の利益のためにされたやむを得ない処理内容であったということができる。」としている。

(2)　しかし、本件のような事案において、税理士の善管注意義務違反が認められるかどうかについては、裁判官の感覚に大きく依存する。たとえば、山形地方裁判所鶴岡支部平成19年4月27日判決（Z999-0113）がある。原告は、クリーニング業を主たる業とする株式会社であり、グループ企業7社があり、原告は、グループ会社の本部機能を担っており、そのために要する費用を、

管理費としてグループ会社から徴収していた。管理費の徴収に当たっては、事前に、当該グループ会社と原告との間でロイヤリティー契約を締結することはせず、決算書作成の過程で、原告代表者が、税理士が作成した仕訳帳を見て、当該グループ会社の当期の利益額を確認し、その場で管理費額を決定し、出金伝票と支払用の小切手を切るという方法が取られていた。税務調査において、管理費及び特別管理費について説明を求められ、実費相当額であることの裏付け資料の提出を求められたが、裏付け資料を提出することができなかったため、修正申告をした。原告は、顧問の公認会計士及び税理士が適切な助言を怠ったことにより、損害が発生したとして、損害賠償請求をした、という事案である。

裁判所の認定した事実によると、税理士は、原告代表者に対し、管理費として認められるのは、実費相当額のみであることも説明したが、原告代表者は、「原告内部には経営分析のための資料があり、それによれば、管理費として計上している額以上の実費がかかっている。」旨返答し、裏付け資料の有無を問われると、「資料はあるが、原告の色々な経費の中に紛れていて取り出すことは難しく手間がかかる。」旨返答して、丙税理士に対し裏付け資料を見せることは一度もなかった、ということである。

そして、裁判所は、たとえ原告代表者が資料の提出を拒否したとしても、最終的には原告専務取締役の協力を得るなどして、資料の開示を受ければ、原告が計上した管理費及び特別管理費が実費相当額であったか否かを明らかにすることは可能であったとし、「被告は、原告の管理費及び特別管理費の計上について、それを裏付ける客観的資料がない限り、経費として控除の対象にならないことを認識していながら、資料による裏付けをすることなく、漫然と原告代表者が計上した額に基づき税務申告をし、そのために原告が修正申告をせざるを得なくなったと認めることができる。このことからすれば、被告には、本件各税務顧問契約における注意義務に違反した債務不履行があったといえる。」と判示し、税理士の善管注意義務違反を認めた。この判断基準に従うと、本件で、C税理士が税務調査に耐えうる資料の作成及び保存を指導しないことが善管注意義務違反と判断される可能性がある。

(3) 本件で、裁判所は、「それ以上に、C税理士において、不足資料の提出を

指示したり、原告らの資金の取扱いを直ちに是正したりしたことがなかったとしても、…少なくとも委任者との関係においては、税理士としての委任者の利益のためにされたやむを得ない処理内容であったということができる。」と判示している。

　しかし、前出の前橋地裁平成14年12月6日判決（TAINS　Z999-0062）において、裁判所は、「税理士は、依頼者の希望や要請が適正でないときには、依頼者の希望にそのまま従うのではなく、税務に関する専門家としての立場から、依頼者に対し不適正の理由を説明し、法令に適合した申告となるよう適切な助言や指導をするとともに、重加算税などの賦課決定を招く危険性があることを十分に理解させ、依頼者が法令の不知などによって損害を被ることのないように配慮する義務があるというべきである。」とした上で、原告の指示どおりの申告をした場合に、原告らが将来脱税を指摘されて重加算税や延滞税などを課せられる危険があることを説明し、正しい指導をしなかったことをもって善管注意義務違反を認めている。この判断基準に従うと、本件で、C税理士が、将来原告らに生ずることが予想される不利益を説明し、適切に資料を提出するよう指導しないことは善管注意義務違反と判断される可能性がある。

申告期限の経過による無申告加算税、延滞税等
（税理士勝訴）

東京地裁平成27年3月9日判決（D1-Law.com　29024890）

> 顧問税理士が、原告会社の法人税等の申告を申告期限までに行わなかったことにより、無申告加算税、延滞税等の損害を被ったとして損害賠償請求された事例。

本件は、原告は2社及び代表取締役であるが、複雑になるため、原告のうち1社に関する分だけ抜粋して検討することとする。

事　案

(1) ア　原告は、音楽、映像等コンテンツの企画、制作、販売及び配給等を目的とする株式会社であり、平成20年12月25日に設立された。
　　イ　被告Y1は、税理士であり、税理士事務所を開設する者である。
　　ウ　被告Y2は、経営コンサルティング、記帳代行業務等を目的とする株式会社であり、被告Y1がその代表取締役を務めている。
(2) 当事者間の顧問契約等
　　原告と被告らは、平成21年5月25日付けで税理士の業務及び会計業務に関する顧問契約を締結した。同契約書には、以下のような記載がある。
　ア　税務に関する委任の範囲は次の項目とする。
　　(ア)　原告の法人税、所得税、事業税、住民税及び消費税の税務代理並びに税務書類の作成業務
　　(イ)　原告の税務調査の立会い
　　(ウ)　原告の税務相談
　イ　会計に関する委任の範囲は次の項目とする。なお、かかる業務は被告Y2が請け負う。

(ア)　原告の総勘定元帳及び試算表の作成
　　　(イ)　原告の決算書類の作成
　　　(ウ)　原告の会計処理に関する指導及び相談
　　イ　原告は、委任業務の遂行に必要な説明、書類、記録その他の資料をその責任と費用負担において被告Ｙ１に提供しなければならない。
　　ウ　原告は、被告Ｙ１から資料等の請求があった場合には、速やかに提出しなければならない。資料の提出が被告Ｙ１の正確な業務遂行に要する期間を経過した後であるときは、それに基づく不利益は原告において負担する。
　　エ　原告の資料提供の不足、誤りに基づく不利益は原告において負担する。
　　オ　被告Ｙ１は、原告の委任事務の遂行に当たり、一般に認められている税法の解釈の範囲内において、とるべき処理の方法が複数存在し、いずれかの方法を選択する必要があるとき、及び相対的な判断を行う必要があるときは、原告に説明し、承諾を得なければならない。
　　カ　原告が被告Ｙ１の説明を受け承諾したときは、当該事項につき後に生じる不利益について被告Ｙ１はその責任を負わない。
(3)　平成23年1月25日、Ｌ警察署の司法警察員巡査部長Ｍは、原告に対するわいせつ図画販売被疑事件につき、向現のＮ営業所において、取引関係書類3枚、タイトル票1枚、DVD15枚、プロフィール10袋、納品書7冊、請求書9冊、名刺1束、組織図1部及び印字資料1ファイルを押収した。
(4)　原告は、平成21年12月1日から平成22年11月30日までの事業年度に係る納税申告について、期限内申告をせず、平成23年6月3日に、Ｅ税理士（以下「Ｅ」という。）を代理人として、期限後申告を行った。
(5)　Ｆ税務署長は、平成23年8月31日、原告に対し、上記事業年度の法人税に係る無申告加算税の賦課決定処分をした。

争　点

　1　顧問契約における被告Ｙ２に対する税務顧問業務の委託の有無
　2　申告期限徒過に関し、顧問契約に係る債務不履行の有無

争点に対する双方の主張

1 顧問契約における被告Y2に対する税務顧問業務の委託の有無

原告の主張	被告らの主張
以下の事情等からすれば、被告Y2は、本件顧問契約において、税務顧問業務を委託された。 (ア) 原告と被告らとの間の平成21年5月25日付け契約書において、被告らが税理士業務及び会計業務を受任した旨の記載がされている。 (イ) 被告Y2は、税理士法人ではないものの、その代表取締役は税理士である被告Y1であり、機関である被告Y1をして税理士業務を行わせることにより契約上の責務を果たすことができるのであるから、被告Y2は原告との間で税務顧問業務を内容とする顧問契約を締結することもできる。 (ウ) 記帳代行業務は税務書類の作成の前提であることからすれば、被告Y2が原告との間で税務顧問業務を内容とする顧問契約を締結することなく記帳代行業務だけを受託することはない。	以下の事情等からすれば、本件顧問契約において税務顧問業務を委託されたのは被告Y1のみであり、被告Y2は、税務顧問業務は委託されていない。 (ア) 被告Y2は、税理士法人ではないため税務顧問業務を内容とする顧問契約を締結することはなく、本件顧問契約書においても、会計業務を委託されているのみである。 (イ) 記帳代行等の財務事務は、税理士の独占業務である税理士業務ではなく、誰でも行うことができる自由業務であって、税理士業務である納税申告等に係る税務代理業務と記帳代行業務が不可分であるとはいえない。

2 申告期限徒過に関し、顧問契約に係る債務不履行の有無

原告の主張	被告らの主張
被告らは、原告との間で税務顧問業務を内容に含む顧問契約を締結し、原告が平成23年5月6日に至るまで被告らの顧問契約上の責務を解除していないにもかかわらず、反社会的人物であるDのために訴外Eの申告業務を優先して遂行し、申告については不利な行動を取りながら、顧問契約を破棄して辞任することも、見込み納付ができるように指導することもなく、申告について無申告状況を容認し、申告期限を徒過させた。 このことからすれば、被告らは、申告について、申告書を作成して期限内申告をするという委託業務の中核部分を行っておらず、納税義務の適正な実現を図るという顧問契約上の善管注意義務に違反している。 したがって、被告らは顧問契約に係る債務不履行責任を負う。	被告らの主張のとおり、被告Y2は原告との間で顧問契約を締結していないため、上記顧問契約に係る債務不履行責任を負わない。 また、以下の事情等からすれば、原告は、顧問契約における税務代理業務の委託者として必要かつ十分な資料を適時に提出しておらず、また、期限内申告及び納税をする意思も有していなかったというべきであるから、被告Y1は上記顧問契約における善管注意義務に違反しておらず、被告Y1も顧問契約に係る債務不履行責任を負わない。 ㋐　本件原告関係顧問契約においては、委託業務の遂行に必要な資料等を原告の責任と費用負担において提供しなければならないと規定されている。 ㋑　平成21年3月26日当時、原告Xは、被告Y1に対し、原告の経理が整理されていない状況であることを認めていた。 ㋒　平成23年1月25日、原告における申告に必要な資料が捜査機関に押収された。 ㋓　代表者Xは、申告に関し、原告に利益が出た場合には、既に申告が終わっている向現に対する利益率を

変更し、期首から利益が出ないように調整することを企図していたところ、被告Ｙ１は、これに加担することはできないとして、これを前提とする納税申告を行うことを断り、やむを得ず申告期限の延長申請を提出した。

(オ) 平成23年２月27日、被告Ｙ１は、Ｘに対し、納税ができるのであれば期限内申告をして、修正があれば修正申告をすべきであり、納税をしないのであれば書類が完備できた時点で申告すべきであることを指導するとともに、無申告の場合の附帯税の内容についても伝えたものであって、これに対して、Ｘは、被告Ｙ１に対し、納税資金もないので期限内申告をしても仕方ない旨を伝え、期限内申告及び納税をする意思を有しないことを明らかにした。

判　決

1　争点１（顧問契約における被告Ｙ２に対する税務顧問業務の委託の有無）について

(1)　〈1〉顧問契約書においては、会計に関する業務については被告Ｙ２が請け負う旨を明記している一方、被告Ｙ２が税理士の業務を受任している旨の記載はされていないことが認められること、〈2〉税理士は、租税に関し、税務代理、税務書類の作成及び税務相談（以下「税理士業務」という。）を行うことを業とするものであり（税理士法２条１項）、税理士又は税理士

法人でない者は、別段の定めがある場合を除くほか、税理士業務を行ってはならないとされている（税理士法52条）ことなどからすれば、税理士法人でない被告Ｙ２が契約当事者となって税理士業務について受任したと認めることはできず、他に顧問契約において原告と被告Ｙ２との間における税務顧問業務の委託がされたことを認めるに足りる証拠もない。

したがって、顧問契約においては、被告Ｙ１が税理士業務を、被告Ｙ２が会計業務を受託したというべきであり、原告と被告Ｙ２との間における税務顧問業務の委託がされたとは認められないところであって、この点に関する原告の主張は採用できない。

(2) したがって、顧問契約においては、被告Ｙ１が税理士業務を、被告Ｙ２が会計業務を受託したというべきであり、原告と被告Ｙ２との間において税務顧問業務の委託がされたとは認められないから、原告の被告Ｙ２に対する顧問契約に係る債務不履行に基づく損害賠償請求は、争点２（顧問契約に係る債務不履行の有無）及び争点３（損害額）について判断するまでもなく、理由がない。

2 争点２（顧問契約に係る債務不履行の有無）について

(1) まず、税務顧問業務の委任を受けた税理士の負う義務の内容について検討するに、税理士は、税務に関する専門家として、独立した公正な立場において、申告納税制度の理念に沿って、納税義務者の信頼にこたえ、租税に関する法令に規定された納税義務の適正な実現を図ることを使命とする（税理士法１条）ものであり、納税義務者から税務代理業務等を委任されたときは、委任契約に基づく善管注意義務として、委任の本旨に従い、善良な管理者の注意をもって、委任事務を処理する義務を負う（民法644条）というべきである。そして、税理士として税務代理を行うに際しては、当該業務には税務に関する専門知識が必要となることから、税務に関する専門家としての観点において、委任者の資料等の提供に不十分な点があり、適切な納税申告がされないおそれがあるときには、不十分な点を指摘し、指示を行うなどしてこれを是正した上で、適切な納税申告がされるよう業務を行う義務を負うものと解するのが相当である。

(2) これを本件についてみると、被告Ｙ１は、顧問契約において、原告の法

人税等の税務代理、税務書類の作成及び税務相談の業務を受任したところ、上記顧問契約においては、委任業務の遂行に必要な資料等の提供の責任及びその遅滞による不利益は原告が負うとされ、必要な資料等の提供は原告の責任であることが確認されていたことが認められるところであって、このことからすれば、被告Y1は、原告の法人税等の税務代理、税務書類の作成及び税務相談の業務を行うに際し、税務に関する専門家としての観点から、申告に係る委任業務の遂行に必要な資料等の不十分な点について必要な指摘や指示を行い、適切な申告がされるよう税務代理業務等を行う義務を負っていたものというべきである。

(3) そして、顧問契約締結当時から、原告の経理についての整理はされておらず、平成20年12月1日から平成21年11月30日までの事業年度に係る申告に際し、被告Y1が請求書や家賃光熱費の負担割合における不十分な点を適宜指摘し、指示するなどしていたところ、申告においても、被告Y1が適宜必要な指摘や指示等を行っていたにもかかわらず、平成21年12月1日から平成22年11月30日までの間の原告が支払う明細書、平成22年11月時点の在庫数と単価が記載された在庫表、平成21年12月1日から平成22年11月30日までの間のN関係の請求書、Q関係の請求に係る金額のうちDVD経費等の差異の原因を明らかにする資料に関する整理が不十分であったことなどが認められ、このことからすれば、原告は、被告Y1が申告を適切に行うために不十分な点を指摘し、指示するなどしていたにもかかわらず、申告を適切に行うために必要な資料等の提供を怠っていたものというべきであって、被告Y1は、申告に関し、税務に関する専門家としての観点から、適切な納税申告がされるよう税務代理業務を行っていたというべきである。

(4) 被告Y1は、申告の延長期限である平成23年2月28日までに、申告に必要な資料等の提供を指示したにもかかわらず、申告に必要な在庫表、請求書等の資料の提出を受けることができなかったため、かかる状況を踏まえて、原告Xに対し、不備のある申告書であっても同日までに提出して、その後に修正申告した方がよいが、重加算税を賦課されるリスクがあるので、3月までに期限後申告と納税を行った場合に賦課されるリスクのある

無申告加算税及び延滞税を比較した上で、申告についての判断をすべきである旨を伝えており、原告Xはその報告を受けて原告関係申告に係る状況を認識していたことが認められる。そして、このことからすれば、被告Y1は、この点に関しても、税務に関する専門家としての観点から、原告に対し、申告を平成23年2月28日までに行わない場合のリスクを説明した上で適切な納税申告がされるよう税務代理業務を行っていたものというべきである。

(5) 加えて、平成23年1月25日、原告に対するわいせつ図画販売被疑事件の捜査において、申告に必要な納品書、請求書等が押収されたものであって、原告は、申告の法定申告期限である平成23年1月末日において納税申告をできる状態にはなかったし、さらに、被告Y1は、平成23年5月3日時点においても、申告に必要な資料等の提出を受けていなかったところ、原告Xは、同月5日、被告Y1に対して税務署と相談して申告を行うことにしたと伝え、後任の税理士に引き継ぐために従前の資料の返却を求めていたことが認められる。そして、このことからすれば、原告は、平成23年1月25日時点において、法定申告期限までに申告を行うことができない可能性を認識しており、また、平成23年2月28日時点において、申告がされていないことをも認識した上で、平成23年5月5日ころの時点では、被告Y1の後任の税理士に依頼して申告を行う意思であったというべきであり、原告は、平成23年1月25日から遅くとも平成23年5月5日ころまでの間には被告Y1の指導の下で申告を行う意思を有しなくなっていたものというべきである。

(6) 以上によれば、被告Y1は、税務に関する専門家としての観点から、申告に係る委任業務の遂行に必要な資料等の不十分な点について適宜必要な指摘や指示等を行っていたにもかかわらず、原告が適時に資料等の提供を行わなかったために、申告について期限内申告をすることができなかったものと認めるのが相当であり、他にY1において適切な申告がされるよう税務代理業務等を行う義務を怠ったと認めるに足りる事情は窺われないところであって、このことからすれば、被告Y1の善管注意義務違反は認められず、この点に関する原告の主張は採用できない。

(7) したがって、被告Y1の顧問契約に係る債務不履行は認められないから、原告の被告Y1に対する債務不履行に基づく損害賠償請求は、争点3（損害額）について判断するまでもなく、理由がない。

解説

1 事案の概要

本件は、顧問税理士が、原告会社の法人税等の申告を申告期限までに行わなかったところ、原告会社が、税理士及び記帳代行会社に対し、無申告加算税、延滞税等の損害を被ったとして損害賠償請求した事案である。

2 本件における争点

(1) 本件の争点は、以下の2点である。
　1　顧問契約における被告Y2に対する税務顧問業務の委託の有無。
　2　申告期限徒過に関し、顧問契約に係る債務不履行の有無。
(2) 争点1について、裁判所は、税理士資格を有しない記帳代行会社Y2と原告との税務顧問契約の成立を否定した。
(3) 争点2について、裁判所は、Y1が税理士としての注意義務を尽くし、申告に係る委任業務の遂行に必要な資料等の不十分な点について適宜必要な指摘や指示等を行っていたとして、損害賠償責任を否定した。

3 記帳代行会社（会計法人）と顧客との契約

(1) 税理士が主催する記帳代行会社（会計法人）を設立しているケースは多いと思われるが、この場合において、顧客との契約をどのように締結するか、という問題がある。
　1つの方法は、税理士が税理士業務と記帳代行業務の両方を受託して、記帳代行業務のみを会計法人に再委託する方法である。この場合、顧客からみ

て会計法人は第三者になるので、税理士としては、顧客から、守秘義務の解除及び再委託の許可を得る必要がある。
(2) もう1つの方法は、顧客との間で、税理士業務は税理士が、記帳代行業務は会計法人が、別々に契約をする方法である。本件では、この方法で契約をしている。
(3) 中には、会計法人が税理士業務と記帳代行業務を一括受託して、税理士業務を税理士に再委託する、という方法で契約をしているケースもあるようである。しかし、この契約方法は、税理士法違反である。確かに具体的な税理士業務の実務を行うのは税理士である。しかし、顧客と税理士業務に関する契約を締結しているのは会計法人ということになる。そうだとすると、顧客に対して税理士業務の役務提供をするのは、税理士ではなく、会計法人となる。顧客と税理士は直接契約を締結していないので、たとえ、会計法人の代表者が税理士であるといっても、顧問先に対して直接に税理士業務の役務提供をしているのは、非税理士である会計法人ということになる。したがって、非税理士である会計法人が税理士業務を行ったことになり、税理士法違反となる。

4 回避ポイント

(1) 本件で、被告Y1は、原告の法人税等に関し、申告期限までに申告代理をしなかった。

　しかし、裁判所は、以下の事情から、被告Y1に注意義務違反はないと判断した。
① 顧問契約においては、委任業務の遂行に必要な資料等の提供の責任及びその遅滞による不利益は原告が負うとされ、必要な資料等の提供は原告の責任であることが確認されていた。
② 原告は、被告Y1が申告を適切に行うために不十分な点を指摘し、指示するなどしていたにもかかわらず、申告を適切に行うために必要な資料等の提供を怠っていた。
③ 被告Y1は、申告の延長期限までに、申告に必要な資料等の提供を指示

したにもかかわらず、申告に必要な資料の提出を受けることができなかったため、原告Xに対し、不備のある申告書であっても同日までに提出して、その後に修正申告した方がよいが、重加算税を賦課されるリスクがあるので、3月までに期限後申告と納税を行った場合に賦課されるリスクのある無申告加算税及び延滞税を比較した上で、申告についての判断をすべきである旨を伝えていた。

④　原告は、平成23年1月25日時点において、法定申告期限までに申告を行うことができない可能性を認識しており、また、平成23年2月28日時点において、申告がされていないことをも認識した上で、平成23年5月5日ころの時点では、被告Y1の後任の税理士に依頼して申告を行う意思であったというべきであり、原告は、平成23年1月25日から遅くとも平成23年5月5日ころまでの間には被告Y1の指導の下で申告を行う意思を有しなくなっていた。

(2)　申告期限までに適正な申告ができるだけの十分な資料が揃わない場合、税理士として取りうる方法は、3つと思われる。1つは、可能な限り資料を早く準備して期限後申告をする方法である。この方法は、期限内に申告しなかったとして、本件のように無申告加算税と延滞税分の損害賠償請求を受けるリスクがある。この場合には、資料収集を的確に指示し、期限を設け、申告期限を徒過した場合の不利益について説明しておくことが肝要である。2つめは、いつ申告ができるかもわからず、責任を持って申告できないことから、委任契約を解除する方法である。この方法は、顧客にとって不利な時期に契約を解除したとして損害賠償請求を受けるリスクがある。期限までに余裕をもって契約を解除する必要がある。3つめは、十分な資料がないまま期限後申告を回避するために一旦申告をした上で、資料を揃えて修正申告や更正の請求を検討する方法である。この方法は、概算申告などずさんな申告の場合には当初申告が無効になり、または、税理士法違反になるリスクがある。以下にこの3つめのリスクについて検討する。

(3)　十分な資料がないということは、決算を確定することができないということである。法人税法74条1項は、「内国法人は、各事業年度終了の日の翌日から二月以内に、税務署長に対し、確定した決算に基づき次に掲げる事項を

記載した申告書を提出しなければならない。」と規定し、確定した結果に基づく申告書を要求している。そのため、確定した決算に基づかない申告は無効ではないか、との論点がある。

この点について、福岡地裁平成19年1月16日判決（TAINS　Z257-10610）は、「決算がなされていない状態で概算に基づき確定申告がなされた場合は無効にならざるを得ないが、会社が、年度末において、総勘定元帳の各勘定の閉鎖後の残高を基に決算を行って決算書類を作成し、これに基づいて確定申告した場合は、当該決算書類につき株主総会又は社員総会の承認が得られていなくても、確定申告は無効とはならず、有効と解すべきである。」と判示した。したがって、3つめの方法による時は、一応この程度に至っているかどうかを検討することになる。

次に、税理士法45条は、「1　財務大臣は、税理士が、故意に、真正の事実に反して税務代理若しくは税務書類の作成をしたとき、又は第三十六条の規定に違反する行為をしたときは、二年以内の税理士業務の停止又は税理士業務の禁止の処分をすることができる。2　財務大臣は、税理士が、相当の注意を怠り、前項に規定する行為をしたときは、戒告又は二年以内の税理士業務の停止の処分をすることができる。」と規定している。資料不十分な状態での税務書類の作成は、この規定に該当し、懲戒処分の可能性がある。しかし、他方、税理士は、税務に関する専門家として、独立した公正な立場において、申告納税制度の理念にそつて、納税義務者の信頼にこたえ、租税に関する法令に規定された納税義務の適正な実現を図ることを使命としている（税理士法1条）。期限内に申告をする義務を果たし、その後、可能な限り速やかに資料を整えて修正申告ないし更正の請求を行うことは、納税者の適正な納税義務の実現に資するものであり、懲戒処分をする必要があるとは思えない。但し、あまりに杜撰な申告の場合には、適正な納税義務の実現から離れてしまうため、注意したい。

(4) 本件では、顧問契約書に、委任業務の遂行に必要な資料等の提供の責任及びその遅滞による不利益は原告が負うとされ、必要な資料等の提供は原告の責任であることが確認されていた。このような規定を入れておくことも有効である。

消費税の課税形態の助言をしなかったことに係る損害
（税理士勝訴）

東京地裁平成26年3月26日判決（TAINS　Z999-0156）

> 原告グループ各社が、税理士法人等が各社毎に消費税に関する課税事業者選択届出書、簡易課税選択届出書、課税事業者選択不適用届出書を提出せず、また、課税形態に関する助言をしなかったことにより損害を被ったとして、税理士法人等に損害賠償請求をした事例。

事　案

(1) 原告X1社は、ホテルの経営等を目的とし、原告グループ会社34社を吸収合併した株式会社である。原告X2社及び原告X3社は、原告X1社のグループ会社であって、いずれもホテル業、不動産賃貸業等を目的とする株式会社である。

被告Y1会計は、記帳代行等を業とする株式会社である。被告Y2は、税理士法人である。被告Y3は、税理士法人の代表社員かつ被告Y1の代表取締役である。被告Y4は、被告Y3の長女で、税理士であり、被告Y1会計の取締役を務め、被告Y2の設立当初からその社員を務める者である。

(2) 原告グループ会社は、X1社が自らホテルを所有して営業する方法のほか、株式会社Cがホテルを所有し、これを原告X1社に賃貸し、営業させる方法が採られていたが、原告X1社は、平成6年頃、C社が所有するホテルを全て取得して、原告X1社を中心とするホテル事業の体制をとり、平成7年頃から、全国において「ホテルX」ブランドを筆頭とする各種ブランドでのホテル事業の展開を開始した。

原告X1社は、平成10年頃から、ホテルを新規開業する場合には、原則と

して、当該ホテルを保有する会社を設立し、ホテルが完成した後は、これを原告Ｘ１社に賃貸し、原告Ｘ１社がホテルを営業するという方法を採り始めた。

　前記方法による場合、ホテル保有会社は、通常、ホテルが完成するまで収入が無く、消費税等の課税が発生しないが、ホテルの建設工事請負代金は、課税仕入れに当たるから、ホテル完成時に課税事業者であれば、請負代金に係る消費税等について、仕入税額控除による還付を受けることができた。

(3)　原告らは、税理士である被告Ｙ３及び被告Ｙ４、被告Ｙ３が代表者を務める被告Ｙ１会計並びに被告Ｙ３らがその社員である被告Ｙ２に対し、原告らにおける消費税の課税形態の選択に関して、必要な事情聴取や調査を行い、適切な課税形態を判断すべき義務を怠ったことにより、不適切な課税形態が選択されて、消費税の還付を受けられず、不要な納税をしたことによる損害を被ったとして、出訴した。

争　点

1　被告らは原告らに対していかなる内容の義務を負うか
2　被告らに債務不履行又は不法行為があったか

争点に対する双方の主張

1　被告らは原告らに対していかなる内容の義務を負うか

原告らの主張	被告らの主張
(1)　原告らは、税務の専門家である被告らに対し、①法令の許容する範囲内で税負担を軽減すること、②　会社ごとに発生する税務関連の作業負担を軽減し、又は被告らにこれを引き受けさせることを目的として、包括的な税務会	(1)　原告らと被告らとの間で、包括的な税務会計業務を内容とする包括的委任契約を締結したことはない。本件各対象会社については、その設立後、原告Ｘ１社が、本件各対象会社を代行して、事業年度ごとに、被告らに対して決算

計業務を委任した。
　　この包括的な税務会計業務には、原告Ｘ１社のグループ会社全体の税務顧問、決算業務、法人税、消費税等の税務申告業務等が含まれており、本件各対象会社を含め、ホテル保有会社が新たに設立される場合には、被告らにおいてその新設会社の決算業務、法人税、消費税等の税務申告業務等を包括的に受任することがあらかじめ合意されていた。
(2)　仮に、本件各義務を包括的委任契約、税務顧問契約、決算業務及び税務申告業務の受任から直接導くことができないとしても、決算業務、法人税、消費税等の税務申告業務等を受任している税理士は、税務の専門家としての高度な注意義務の一環として、法令の許容する範囲内で依頼者の利益を図る義務、すなわち、依頼者の納税額の負担を軽減する義務を負う。
(3)　原告らは、被告らに対し、消費税の課税形態の選択について、検討の必要性を裏付ける情報を提供しており、被告らは、課税形態を適切に選択すれば、結果的に本件各対象会社の納税額を低く抑えられることを認識し、又は容易に認識し得た。したがって、被告らは、税務の専門家としての高度な注意義務の一環として、法令の許容する範囲内で依頼者の利益を図る義務、すなわち、

補助業務等を委任し、その決算結果に基づき法人税及び消費税の税務申告業務を委任していたものである。
(2)　被告らは、原告らの要請もないのに、消費税の課税形態の選択に必要な事情聴取、適切な調査等を行ったり、税負担の少なくなる課税形態を判断してこれを原告らに伝え、原告らの意見を確認するなどの義務を負うものではない。原告Ｘ１社の経理部には、会計事務所に勤務経験があり、消費税の課税形態の選択について十分な能力を備え、担当職員の指導にも対応可能な経理部長のＤと、経理部経理課長のＥがおり、被告らが積極的に消費税の課税形態の選択の指導・助言を行う余地も必要性もなく、その要請もなかった。

依頼者の納税額の負担を軽減する義務を負うものであり、消費税の還付を受けることにより結果的に原告らの納税額を低く抑えるべく、税務申告業務に付随する義務として、当然に本件各義務と同様の義務を負っていた。

2 被告らに債務不履行又は不法行為があったか

原告らの主張	被告らの主張
(1) ホテル用不動産の取得年度には、課税売上高を大きく上回る課税仕入高が発生することは明白であるから、前者の情報については具体的な金額の予測まで必要なわけではなく、また後者の情報についても、消費税の課税形態の選択のために必要な情報ではない。このことは、専門家たる税理士ないし税理士法人等であり、かつ原告らのビジネスモデルを熟知した被告らにとっては、明白であった。 (2) 原告らは、中小企業向け財務・会計ソフトであるPCA会計を通じて、被告らに対し、課税事業者選択届出書の提出期限までに、本件各対象会社がホテルを建設中であることを伝達し、簡易課税制度選択届出書ないし課税事業者選択不適用届出書の提出期限までに、本件各対象会社のホテルが完成したことを伝達していた。 (3) 原告らは、被告らに対し、本件各対	(1) 課税事業者選択届出書及び簡易課税制度選択届出書の要否は、将来の2事業年度の課税売上高及び課税仕入高を推定できないと判断できない。 (2) PCA会計の利用目的は、各事業年度終了後に着手する決算補助業務等に資するためのものであって、そもそも、PCA会計上で翌期のホテル完成情報の伝達はなく、仮に、年度終了前にPCA会計の入力状況を見ることがあったとしても、翌期のホテルの完成時期、オープン時期は不明であって、消費税の課税形態を選択する判断資料になり得ない。また、被告らは、決算期末経過後の4月以降に、PCA会計から総勘定元帳と試算表を見て、決算補助業務を行っていたに過ぎないから、前期末の課税事業者選択届出書の作成提出には間に合わない。なお、PCA会計の導入の経緯は、決算補助業務を行う際の時間的・作業的ロスを

象会社について、ホテルのオープン予定日が書かれた「Xグループ会社概要」「オープン予定」と題する書面を送付したほか、同書面を定期的ないし適宜交付し又は送付していたのであるから、被告らは、少なくとも、本件各対象会社のホテル建設に関する情報として、今後のオープン予定の時期について、本件各対象会社の課税事業者選択届出書等につき本件で問題となる各提出期限までに具体的な情報提供を受けていた。
(4) 被告らは、前記のとおり、消費税の課税形態の選択をするために必要な情報の提供を受けていたにもかかわらず、本件各義務を履行しなかった。

軽減するためであったから、被告らは、消費税の課税形態の選択について判断するためにPCA会計の入力情報を確認する義務を負うものではない。
(4) 「オープン予定」は、所有予定子会社名の記載もなく、さらにホテルの名称、オープン予定月の変更が頻繁に行われていること等、不正確で全く信用できず、被告らにとって、原告らの今後のホテル件数増加状況の概要を知るためだけの参考でしかなかった。
(5) 仮に、被告らが、本件各義務ないしその一部を負うとしても、被告らはそれまでに行っていた手法と同様に、義務を果たしていた。

判　決

1　争点1（被告らは原告らに対していかなる内容の義務を負うか）について
 (1)　消費税の課税形態に関する判断は、当該事業者の翌期・翌々期の売上げ及び仕入れという事業の見通しに従って行われるべきものであって、いったん課税事業者ないし簡易事業者の選択をすると2年間はそれをやめることができないのであるから、その判断は当該事業者に委ねられているところであり、税務申告等に関与する税理士ないし税理士法人が決定し得るところではないというべきである。したがって、税務申告等に関与する税理士ないし税理士法人については、依頼者である事業者から個別の相談又は問い合わせがない限り、その事業者について、事業の見通しを積極的に調査し、又は予見した上で、当該事業者の消費税の課税形態の選択について助言又は指導を行うべき義務は原則としてないものというべきである。

もっとも、法人税・消費税の申告業務等を受任している税理士法人としては、依頼者から消費税の課税形態に関する個別の相談若しくは問い合わせがある場合又は個別の相談若しくは問い合わせがなくとも依頼者から適切な情報提供がされるなどして、税務に関する行為によって課税上重大な利害得失があり得ることを具体的に認識し、若しくは容易に認識し得るような事情がある場合には、依頼者に対し、当該行為の助言、指導等をするべき付随的な義務が生じる場合もあり得るというべきである。

(2)　なお、被告Y3らは、いずれも税理士であって、被告Y2の代表社員ないし社員を務め、被告Y3については、当初、原告X1社との間で税務顧問契約を締結し、原告X1社の税務会計業務に深く関与しており、被告Y4についても、平成18年3月期以降、原告X1社の決算業務に関与しているけれども、本件各対象会社について、税務申告業務を受任していたのは被告Y2であるから、被告Y3らが、税理士として、本件各対象会社に対し、被告Y2と同内容の前記付随的な注意義務を負うものとはいえないというべきである。

(3)　さらに、被告Y1会計は、会社個人経営の帳簿の記帳及び決算に関する業務等を目的とする株式会社であって、税務に関する業務を行うものではないのであるから、決算補助業務に付随的な義務として、被告Y1会計が、本件各対象会社について、消費税の課税形態の選択に関する助言、指導を行う義務を負うものとは認められないというべきである。

(4)　なお、被告Y2は、本件各対象会社の税務申告業務を受託した税理士法人として、被告Y1会計は本件各対象会社の決算補助業務を受託した者として、被告Y3らは被告Y2が受託した本件各対象会社の税務申告業務の処理に関与した税理士として、それぞれ、その業務の遂行に当たり、本件各対象会社の権利利益を保護すべき不法行為上の注意義務を負うものというべきである。

2　争点2（被告らに債務不履行又は不法行為があったか）について
　ア　平成18年3月期及び平成19年3月期申告分について
　　㈠　平成18年3月期及び平成19年3月期申告分については、課税形態の選択について、被告法人らが原告X1社に対して確認書を送付し、これに

ついて、原告Ｘ１社から回答がされ、これに基づいて手続が進められたものであることは、前記認定のとおりであり、これによれば、被告らは、課税形態の選択について、原告Ｘ１社に対し必要な確認を行ったものと認められる。

(イ) したがって、平成18年３月期及び平成19年３月期申告分について、被告らにおいて、債務不履行責任ないし不法行為責任を負うものとは認められないというべきである。

イ 平成20年３月期申告分について

平成20年３月期申告分については、前記認定の事実によれば、課税形態の選択に係る届出書は、原告Ｘ１社において提出することが合意されたのであるから、被告法人らにおいて、届出書を提出する義務があったとはいえない。しかも、原告Ｘ１社が消費税の課税形態にする税務上の知識を有していたというべきことは前記判示のとおりであり、また、平成20年３月期申告分について、原告Ｘ１社は課税形態に関する届出を提出していないが、その結果についても、被告法人らに対して異議の申出はされていないことも前記認定のとおりであって、原告Ｘ１社は、自らの判断に基づいて届出書を提出しなかったものと推認されるのであるから、前記に判示したところをも併せ考慮すれば、被告らにおいて、原告Ｘ１社に対し、課税形態の選択について何らかの助言、指導等をするべき事情があったとも認められない。

したがって、平成20年３月期申告分について、被告らにおいて、債務不履行責任又は不法行為責任を負うものとは認められないというべきである。

ウ 平成21年３月期申告分について

平成21年３月期申告分についても、前記と同様、原告Ｘ１社において届出書を提出することが合意されており、現に、原告Ｘ１社は、前記認定のとおり課税事業者選択届出を提出していたものである。

原告らは、Ｅ９社、Ｅ12社、Ｅ14社、Ｅ15社、Ｅ17社及びＧ16社について簡易課税制度選択届出書を提出しなかったこと並びにＥ31社について課税事業者選択届出書を提出したことに関して、被告らに債務不履行責任又は

不法行為責任があると主張するけれども、前記に判示したところをも併せ考慮すれば、被告らにおいて、前記会社について簡易課税制度選択届出書を提出するよう助言すべきこと、また、E31社について課税事業者選択届出書を提出しないよう助言すべきであったとする具体的な事情は認められないというべきである。

　したがって、平成21年3月期申告分について、被告らにおいて、債務不履行責任又は不法行為責任を負うものとは認められないというべきである。

エ　平成22年3月期申告分について

　平成22年3月期申告分についても、前記ウと同様であり、原告X1社において届出書を提出することが合意されており、現に、原告X1社は、前記認定のとおり、課税事業者選択届出書及び簡易課税制度選択届出書を提出していたものである。

　原告らは、E2社及びE35社について課税事業者選択届出書を提出しなかったこと、E31社、E32社、E33社及びE35社について簡易課税制度選択届出書を提出しなかったことに関して、被告らに債務不履行責任又は不法行為責任があると主張するけれども、前記に判示したところをも併せ考慮すれば、被告らにおいて、前記届出書を提出するよう助言すべきであったとする具体的な事情は認められないというべきである。

　したがって、平成22年3月期申告分について、被告らにおいて、債務不履行責任又は不法行為責任を負うものとは認められないというべきである。

オ　課税期間特例制度に関する助言について

　原告らは、被告らが課税期間特例制度に関する助言を行わなかったことが債務不履行又は不法行為に当たると主張する。

　しかし、別表1のとおり原告らが主張する「課税期間特例選択届出書を提出すべき時期」までに、被告Y2において、課税期間特例選択届出書を提出するよう助言すべき事情があったとは認められない。

　したがって、課税期間特例制度に関する助言を行わなかったことをもって、被告らにおいて、債務不履行責任又は不法行為責任を負うものとは認

められないというべきである。

　カ 以上のとおりであるから、被告らは、原告らに対し、本件各対象会社の消費税の課税形態の選択について、債務不履行責任ないし不法行為責任を負うものとは認められないというべきである。

解　説

1　事案の概要

　本件は、原告グループ各社が、税理士法人等が各社毎に消費税に関する課税事業者選択届出書、簡易課税選択届出書、課税事業者選択不適用届出書を提出せず、また、課税形態に関する助言をしなかったことにより損害を被ったとして、税理士法人等に損害賠償請求をした事例である。

2　本件における争点

(1)　本件における争点は、以下の2点である。
　　1　被告らは原告らに対していかなる内容の義務を負うか（争点1）
　　2　被告らに債務不履行又は不法行為があったか（争点2）
(2)　争点1について、裁判所は、消費税の課税形態に関する判断は、当該事業者に委ねられているところであり、税務申告等に関与する税理士ないし税理士法人が決定し得るところではないと判示した。
(3)　争点2について、裁判所は、各期における事実を認定した上で、被告らの債務不履行又は不法行為責任を否定した。

3　消費税の課税形態の助言義務

(1)　消費税の課税形態の選択に関して、本件では、課税事業者選択届出書、簡易課税選択届出書、課税事業者選択不適用届出書の提出が問題となっている。これら届出書を提出するかどうかについて、税理士の助言義務が争われるこ

とがある。

　つまり、より有利な課税形態を選択すれば、税額が少なくなっていたにもかかわらず、税理士が助言しなかったために、多額の納税を余儀なくされ、損害を被った、という損害賠償請求である。

　税理士の注意義務の1つとして、有利選択義務がある。税務処理においては、複数の処理の選択肢がある場合が多いが、このような場合においては、税理士は、法令の許容する限度で依頼者に有利な方法を選択すべきとする義務である。

　本件では、消費税の課税形態の選択に関しても、この有利選択義務が適用され、税理士に助言義務が課せられるどうかが争点となっている。

(2)　この点について、裁判所は、「消費税の課税形態に関する判断は、当該事業者の翌期・翌々期の売上げ及び仕入れという事業の見通しに従って行われるべきものであって、いったん課税事業者ないし簡易事業者の選択をすると2年間はそれをやめることができないのであるから、その判断は当該事業者に委ねられているところであり、税務申告等に関与する税理士ないし税理士法人が決定し得るところではないというべきである。」として、原則として、その事業者について、事業の見通しを積極的に調査し、又は予見した上で、当該事業者の消費税の課税形態の選択について助言又は指導を行うべき義務は原則としてないと判断した。

　ただし、（1）依頼者から消費税の課税形態に関する個別の相談若しくは問い合わせがある場合、（2）個別の相談若しくは問い合わせがなくとも依頼者から適切な情報提供がされるなどして、税務に関する行為によって課税上重大な利害得失があり得ることを具体的に認識し、若しくは容易に認識し得るような事情がある場合には、依頼者に対し、当該行為の助言、指導等をするべき付随的な義務が生じる場合もあり得るとの見解を示した。

(3)　類似の判断基準により税理士勝訴判決をした裁判例として、東京地裁平成24年3月30日判決（判例タイムズ1382号152頁）がある。これは、顧問税理士が、消費税法上の課税事業者選択届出の提出に関する指導・助言をすべきだったのに、その義務を怠ったために、期末に在庫として有していた棚卸資産に関し、仕入税額控除を受けられなかったとして損害賠償請求された事案

である。

　この事案において、裁判所は、顧問契約上なすべき義務は、契約書に明記された税務代理や税務相談等の事項に限られ、依頼者の業務内容を積極的に調査し、又は予見して、税務に関する経営判断に資する助言、指導を行う義務は原則としてないとした上で、課税上重大な利害得失があり得ることを具体的に認識し又は容易に認識しうるような事情がある場合には、付随的義務として助言・指導する義務がある、との判断基準を示した。

4　回避ポイント

(1)　本件では、裁判所が、消費税の課税形態に関する判断が当該事業者に委ねられているところであり、税務申告等に関与する税理士ないし税理士法人が決定し得るところではないと判断した点にポイントがある。この枠組みを前提とすると、税理士は、依頼者から個別の相談を受けるなどの事情がない限り、消費税の課税形態に関する助言をする義務は、原則としてない、との結論が導かれやすくなる。

(2)　本件と異なる判断枠組みを採用した過去の裁判例として、税理士が消費税課税事業者選択届出書を提出すべきとの助言をしなかったとして損害賠償請求をされた東京地裁平成20年11月17日判決（TAINS　Z999-0135）がある。
　この事例において、裁判所は、「被告税理士は、原告の第1期の決算業務を行っており、原告が本件届出書を提出して課税事業者とならない限り、第3期には自動的に免税事業者となることを知っていたと認められるから、被告としては、原告が本件制度の存在を知らないこと又は失念していることを認識した場合はもちろん、被告がそのことを容易に認識し得るような場合には、被告は原告に対し、本件制度の存在を説明する義務を負うと解するのが相当であり、また、原告が本件制度を実際に知っていたか否かにかかわらず、原告が本件届出書を提出して課税事業者となった方が課税上有利になる可能性があることを本件届出書提出期限までに認識し、又はそのことを容易に認識し得た場合も、被告は原告に対し、本件制度について注意を喚起する義務を負う。」と判示した。

この判決の基準では、依頼者からの情報提供があるという限定が付せられておらず、「原告が本件届出書を提出して課税事業者となった方が課税上有利になる可能性があることを本件届出書提出期限までに認識し、又はそのことを容易に認識し得た場合も、被告は原告に対し、本件制度について注意を喚起する義務を負う。」とされていることから、ホテルの建物を買い取り、ホテル業を営業している本件原告らの業務内容を知っている被告税理士らにおいては、各届出書を提出した方が課税上有利になる可能性があることを本件届出書提出期限までに認識し、又はそのことを容易に認識し得たといえなくもないことから、注意喚起くらいはすべきである、との結論が導かれる可能性もなくはない。

　また、これに対し、東京地裁令和5年01月24日判決(D1-law.com　29075560)は、税理士は、消費税の課税形態に関する「届出書の提出期限までに原告代表者から事情を聴取するなどして原告の来期以降の課税仕入れ額が大幅に変動する見込みがあるか否かを把握した上、簡易課税制度と本則課税制度のいずれを選択するのが原告の利益に叶うかを判断する義務を負っていた」と判断した。

　これらの裁判例からは、税理士が消費税の課税形態に関する各種届出書の提出の助言をすべきかどうかは、裁判官の感覚に依存していると言わざるを得ない。

(3)　以上から、消費税の課税形態に関する各種届出書の提出の助言義務違反による損害賠償請求を受けないようにするためには、以下の異なる2つの方法が考えられる。

　(ｱ)　各顧問先について、消費税の課税形態に関する届出書の提出期限までに納税者から事情を聴取するなどして納税者の来年あるいは期以降の課税仕入れ額が大幅に変動する見込みがあるか否かを把握した上、簡易課税制度と本則課税制度のいずれを選択するのが納税者の利益に叶うかを判断し、助言する。

　(ｲ)　顧問契約を締結する際に、消費税の簡易課税・本則課税、各種届出書に関する説明を記載した書面を交付し、説明を受け、内容を理解した旨の記載をした上で署名(記名)押印を得ておく。その上で、顧問契約書の中に、

消費税の課税形態を選択する責任は依頼者にあること、税理士は個別に相談を受けない限り消費税の課税形態に関する助言をする義務がないこと、などを盛り込んでおく。

　すなわち、消費税の課税形態に関する有利不利の判断をどちらがするのかを顧客と協議して明確にしておくことが肝要である。

相続人の日本国籍喪失を確認せず申告
（税理士敗訴）

東京地裁平成26年2月13日判決（TAINS　Z999-0145）

> 相続税申告業務を受任した税理士が、共同相続人の1人が日本国籍を喪失していたにもかかわらず国籍法を確認せずに日本国籍を有するものとして申告したことにより過少申告加算税などの損害を被ったとして損害賠償請求された事例。

事　案

(1) 原告甲は、被相続人Aの長男であり、原告乙は、被相続人の二男である。原告甲は、平成13年6月20日、アメリカ合衆国に帰化して同国の国籍を取得したため、同日に日本国籍を失っており（国籍法11条1項）、平成20年3月5日当時、アメリカ合衆国内に住所を有していた。

被相続人の法定相続人は、原告甲、原告乙及び被相続人の配偶者B（原告甲及び原告乙の母親ではない。）の3名であった。

原告会社は、被相続人が全株式を保有し、代表取締役を務めていた株式会社である。

被告Y1は、a会計事務所を経営する公認会計士兼税理士である。
被告Y2は、a会計事務所に所属する公認会計士兼税理士である。
被告Y3は、a会計事務所に所属する税理士である。
a会計事務所は、平成13年頃、原告会社との間で税務顧問契約を締結した。

(2) 被告Y3は、平成20年2月4日、被相続人に対し、被相続人が死亡した場合を想定した遺産評価及び相続税の試算を提示した。

(3) 被相続人は、平成12年7月28日、以下の内容の公正証書遺言をした。
ア　被相続人は、原告甲に被相続人所有の財産全部を包括して相続させる。

イ　被相続人は、原告乙を推定相続人から廃除する意思を表示する。

被相続人は、平成20年3月5日、死亡した。

遺言執行者は、家庭裁判所に対し、原告乙を相続人から廃除する旨の申立をしたが、同申立は、棄却された。

原告乙及びBは、平成20年4月頃以降、原告甲に対して遺留分減殺請求の意思表示をした上で、原告甲との間で、遺留分に対する価額弁償に関する協議を行った。

相続人らは、法定相続分によって遺留分に対する価額弁償を行うことを前提として、同年9月18日、以下の内容の遺留分減殺協議書に調印した。

(ア)　原告甲は、原告乙に対し、遺産を取得した代償として2億1700万円を支払う。

(イ)　原告甲は、Bに対し、遺産を取得した代償として4億8174万6194円を支払う。

(ウ)　原告乙及びBは、原告甲に対し、被相続人の遺産の全てが原告甲の所有であることを確認する。

(4)　被告Y1は、平成20年12月15日、相続人らを代理して、本件合意に基づき以下の内容で相続税の申告を行った。原告会社は、平成21年1月20日、a会計事務所に対し、本件相続に関する税務報酬として336万円（消費税込み）を支払った。

その後、税務調査があり、相続税申告の過誤を指摘されて修正申告をし、過少申告加算税、延滞税の賦課決定を受けた。

原告らは、被告らに対し、①不動産評価の過誤、②株式評価の過誤、③債務控除の過誤、④国籍認定の過誤を理由として、損害賠償を求めて出訴した。

争　点

1　相続開始前の遺産評価の過誤
2　相続開始後の遺産評価の過誤
3　遺留分協議過程における助言義務違反

4　債務控除の過誤
5　税務調査における助言義務違反

本項では、このうち、4のみを扱う。

争点に対する双方の主張

原告らの主張	被告らの主張
被告らは、原告甲及び原告乙に対し、適切に税務申告をすべき義務を負うにもかかわらず、遺産評価の過誤及び本件債務控除の過誤を含む本件申告をしたことから、原告らに対して債務不履行及び不法行為責任を負う。 被告らは本件申告の際に遺産評価額の再確認を行うべきであり、原告らは、被告らから遺産評価の過誤について説明を受けていれば、善後策を検討することができたはずである。 また、原告甲は、被告らに対し、日本国籍を喪失している旨の明確な説明はしなかったが、帰化によりアメリカ国籍を取得していることを説明していた。被告らは、税務の専門家であるにもかかわらず、帰化により他国籍を取得した者は当然に日本国籍を失うという国籍法の知識が欠如していたことに加え、原告甲が制限納税義務者であるかどうか確認すべき義務を怠り、債務控除に関する税務法制について過誤のある判断をした。	本件修正申告によって延滞税及び過少申告加算税が課されたのは、本件債務控除の過誤を修正したことによるものであり、遺産評価の過誤とは無関係である。 また、被告Y3は、平成20年8月から9月頃、Dから、「甲はアメリカ国籍を持っているが、日本国籍は喪失していない。日本国籍も持っており二重国籍である」と伝えられており、原告甲が日本国籍を喪失した事実を知らされていなかった。税理士である被告らは、外国国籍を有する相続人の日本国籍喪失の有無について法令を調査すべき義務を負わないし、仮に上記調査義務を負うとしても、被告Y3がDから交付された原告甲の戸籍謄本には日本国籍喪失の記載はなかったこと、被告Y3は国税庁のホームページを調査して二重国籍者も無制限納税義務者に該当することを確認したことから、被告らは調査義務を尽くしており、本件債務控除の過誤に関して債務不履行又は注意義務違反はない。

判　決

1 　税理士は、依頼者の利益の最大化を考えて業務を遂行すべき義務を負い、具体的には、依頼者が述べた事実や提示された資料から判明する事実に基づいて業務を遂行すれば足りるものではなく、課税要件等に関係する制度の確認を含む事実関係の究明をすべき義務を負うところ、課税対象財産及び債務控除の対象となる相続債務の範囲を確定するためには相続人が制限納税義務者であるか否かを確定することが必要であるから、税理士が、一般人であれば相続人が日本国籍を有しない制限納税義務者であるとの疑いを持つに足りる事実を認識した場合には、日本国籍の取得及び喪失の要件を定めた国籍法の規定を確認するなどして、当該相続人が制限納税義務者であるか否かを判別するために必要な事実関係の究明をすべき義務を負うものと解するのが相当である。

2 　この点、証拠（乙3、20ないし22）によれば、被告Y3は、①平成20年8月から同年9月頃、原告甲が長期間アメリカ合衆国で生活していることから、アメリカ合衆国に帰化して日本国籍を喪失しており、制限納税義務者に該当する可能性があると考え、これをD（原告会社の代表取締役に就任した者。）に確認したところ、Dからは、原告甲はアメリカ合衆国の国籍を取得したが、日本国籍を放棄していないため、二重国籍である旨の回答を受けたこと、②同年11月5日頃、Dに上記と同様の確認をしたところ、Dからは、上記と同様の回答を受けたこと、③同月6日、国税庁のホームページを確認したところ、相続税法基本通達（1の3・1の4共-7）において、「日本国籍と外国国籍とを併有する者がいる場合」として、「法（相続税法）第1条の3第2号又は第1条の4第2号に規定する「日本国籍を有する個人」には、日本国籍と外国国籍とを併有する重国籍者も含まれるのであるから留意する。」との記載があることを確認したこと、④同月末頃にDから交付を受けた同月27日付けの被相続人の戸籍の全部事項証明書には、原告甲の戸籍も記載されていたことから、原告甲がアメリカ合衆国の国籍及び日本国籍を併有していると判断したことが認められる（前提事実のとおり、原告甲が日本国籍の喪失

を届け出たのは、それよりも後の平成23年9月2日である。)。

3 　上記認定の事実によれば、被告Y3は、平成20年8月から同年9月頃、Dから「原告甲はアメリカ合衆国の国籍を取得した」旨の回答を受けた時点で、一般人であれば原告甲が日本国籍を有しない制限納税義務者であるとの疑いを持つに足りる事実を認識したといえるところ、国籍法の規定を確認せず、どのような場合に日本国籍が失われるか(国籍法11条1項―日本国民は、自己の志望によって外国の国籍を取得したときは、日本の国籍を失う。)を認識しなかったのであるから、前記1の義務に違反したというべきである。

4 　これに対し、被告らは、税理士である被告らは外国国籍を有する相続人の日本国籍喪失の有無について法令を調査すべき義務を負わないし、仮に上記調査義務を負うとしても、被告Y3がDから交付された原告甲の戸籍謄本には日本国籍喪失の記載はなかったこと、被告Y3は国税庁のホームページを調査して二重国籍者も無制限納税義務者に該当することを確認したことから、被告らは調査義務を尽くしており、本件債務控除の過誤に関して債務不履行又は注意義務違反はないと主張する。

　確かに、税理士は、税務に関する専門家であるから、一般的には租税に関する法令以外の法令について調査すべき義務を負うものではないが、日本国籍を有しないことが制限納税義務者の要件として規定されている以上は、一般人であれば相続人が日本国籍を有しない制限納税義務者であるとの疑いを持つに足りる事実を認識した場合には、相続税の申告等に先立ち、当該相続人が日本国籍を有するか否かについて確認すべき義務を負うというべきである。

　そして、日本国籍喪失の要件については国籍法に規定されているのであるから、日本国籍を有するか否かについて判断するためには国籍法を確認することが不可欠であり、国籍法の規定を確認しなかったことは、税理士としての義務に反するといわざるを得ない。前記のとおり、税理士は、依頼者が述べた事実や提示された資料から判明する事実に基づいて業務を遂行すれば足りるものではないから、相続人の関係者からの事情聴取及び被相続人の戸籍の全部事項証明書の取得をしたことだけで税理士としての義務を果たしたということはできないし、前記の相続税法基本通達が指摘する「日本国籍と外

国国籍とを併有する重国籍者」とは、両親が日本国民と外国人であるなどの自己の志望によらずに外国の国籍を取得し、その国の国籍を選択していない者を指すのであって（国籍法11条2項以下参照）、国籍法を確認すれば、その場合と異なり、日本国民が自己の志望によって外国の国籍を取得したときには日本の国籍を失うことが容易に判明したのであるから、前記の相続税法基本通達を確認したからといって、税理士としての義務を果たしたということはできない。なお、国籍法11条1項は、日本国籍喪失の要件を明確に定めた規定であり、本件では税理士による法令の解釈適用の誤りを義務違反とするものではなく、被告Y3が上記規定を確認しなかったこと自体が税理士としての義務に違反するというべきものであるから、税理士にその業務の範囲を超えた義務を負わせるものではない。

5　以上によれば、本件申告手続の受任者である被告Y1は、本件申告手続の履行について、被告Y3を履行補助者としていると解することができ、同被告に上記のとおり注意義務違反が認められることから、債務不履行責任を負うというべきである。

　そして、本件申告に係る事務担当者である被告Y3は、原告らとの間に契約関係は認められないが、上記のとおり税理士としての注意義務に違反したことにより過失を肯定することができるので、不法行為責任を負うというべきである。

　他方、被告Y2は、原告らとの間に契約関係は認められず、また、被告Y2が、原告甲がアメリカ合衆国の国籍を取得していると認識したことを認めるに足りる証拠もない。この点、原告甲は、a会計事務所とC弁護士の法律事務所の方と初めて会ったときに、自らがアメリカ合衆国の国籍を取得したと説明した旨陳述書（甲11）に記載しているが、かかる記載を裏付ける客観的証拠はなく、被告Y3はこれを否定する陳述書（乙20）を提出していること、原告甲は、本件税務調査において日本国籍を喪失していない旨述べていたことや平成23年9月2日に至ってようやく日本国籍の喪失を届け出たことに照らすと、本件税務調査までは自らは日本国籍も有していると認識していたと認められ、初めて会ったa会計事務所の人間に自らがアメリカ合衆国の国籍を有する旨説明する合理的理由も見当たらない。以上の事実に照らすと

原告甲の上記陳述書の記載は信用することができない。したがって、被告Ｙ２には税理士としての注意義務違反は認められず、不法行為は成立しない。

解　説

1　事案の概要

　本件は、相続税申告業務を受任した税理士が、共同相続人の１人が日本国籍を喪失していたにもかかわらず国籍法を確認せずに日本国籍を有するものとして申告したことにより過少申告加算税などの損害を被ったとして損害賠償請求された事案である。

2　本件における争点

(1)　本件における争点は、以下の２点である。
　　１　相続税申告業務を受任した税理士は、外国国籍を有する相続人の日本国籍喪失の有無について法令を調査すべき義務を負うか
　　２　仮に上記調査義務を負うとして、被告らは調査義務を尽くしたか
(2)　争点１について、裁判所は、相続人の日本国籍喪失の有無について法令を調査すべき義務を負うと判断した。
(3)　争点２について、裁判所は、被告らは、国籍法の規定を確認しなかったことは、税理士としての義務に反するとした。

3　税理士の法令調査義務

(1)　本件では、税理士が共同相続人の１人が制限納税義務者の要件に該当するかどうか判断するにあたり、国籍法を調査しなかったことが注意義務違反であるとされた。
　　税理士は、税法の専門家であるから、業務を行うにあたり、税法を調査すべきことは当然である。しかし、相続税業務を行う場合には、民法の解釈適

用を前提とし、法人税業務を行う場合には、会社法の解釈適用を前提とすることから、税法以外の法令をどこまで調査すべきかが問題となる。

(2) 本件では、裁判所は、「税理士は、税務に関する専門家であるから、一般的には租税に関する法令以外の法令について調査すべき義務を負うものではないが、日本国籍を有しないことが制限納税義務者の要件として規定されている以上は、一般人であれば相続人が日本国籍を有しない制限納税義務者であるとの疑いを持つに足りる事実を認識した場合には、相続税の申告等に先立ち、当該相続人が日本国籍を有するか否かについて確認すべき義務を負うというべきである。」と判示した。

そして、「Dから「原告甲はアメリカ合衆国の国籍を取得した」旨の回答を受けた時点で、一般人であれば原告甲が日本国籍を有しない制限納税義務者であるとの疑いを持つに足りる事実を認識したといえる」とした上で、「日本国籍喪失の要件については国籍法に規定されているのであるから、日本国籍を有するか否かについて判断するためには国籍法を確認することが不可欠であり、国籍法の規定を確認しなかったことは、税理士としての義務に反するといわざるを得ない。」と判示した。

では、どの程度国籍法を深く調査すべきか、ということが問題になるが、本件では、「国籍法11条1項は、日本国籍喪失の要件を明確に定めた規定であり、本件では税理士による法令の解釈適用の誤りを義務違反とするものではなく、被告Y3が上記規定を確認しなかったこと自体が税理士としての義務に違反するというべきものであるから、税理士にその業務の範囲を超えた義務を負わせるものではない。」として、解釈適用の問題ではなく、条文を確認しさえすれば正しい処理が可能であったことを前提として注意義務違反を認定している。

(3) 税理士が税法への適用の前提として、仮に法令の解釈適用を間違えたとしても、税理士の損害賠償責任を否定した裁判例に、那覇地裁沖縄支部平成23年10月19日（TAINS　Z999-0127）がある。この裁判例は、相続人が相続していない不動産を当該相続人が相続したことにより過大な相続税の支払いを余儀なくされたとして税理士が損害賠償請求をされた事案である。

この裁判例では、亡Aの相続人である原告らが、不動産の所有権は別人

にあり、亡Aは相続により取得していないと主張した。判決では、当該不動産が誰の所有であるかを認定することなく、税理士は調査義務を尽くしたとして税理士勝訴の判決をしている。

裁判所は、「本件において、被告は、本件土地の所有名義人が訴外甲であることを確認したことから、訴外甲の相続人らに事情を尋ねたところ、訴外甲が本件土地を所有していた旨の回答を得たばかりか、亡Aから、自分が本件土地を相続したと主張されたものである。被告が、税務の観点に立って、相続税を負担することになるにもかかわらず相続による取得を主張する者の供述に信用性を認めたことには、合理性が認められる。そして、被告は、本件協議書の内容や本件土地の利用状況も調査し、上記供述の裏付けを得ている。

税理士は、税務の専門家であって、法律の専門家ではないから、ある財産を遺産に含めて相続税の課税対象として処理する場合に、所有権の移転原因を厳密に調査する義務があるとまではいえず、税務署が納税行為の適正を判断する際に先代名義の不動産の有無を考慮している現状にも照らせば、被告が本件土地に関する調査義務に違反したということはできない。」と判示した。

(4) また、税法の解釈適用に関する注意義務に関して、東京地裁平成27年3月9日判決（TAINS　Z999-0160）は、相続税申告業務を受任した税理士が、小規模企業共済からの支払金を相続財産に含めなかったことが税理士の注意義務違反であるとして、税理士が損害賠償請求をされた事案である。

この事案において裁判所は、「被告は、小規模企業共済の支払金56万円の存在を認識した上で、小規模企業共済金の一時支払金が退職手当金等に該当する旨の記載がある資料（乙3）を考慮して、同支払金が死亡退職金として退職手当金等（相続税法3条1項2号）に該当し、非課税限度以下の退職手当金等については非課税であると判断し、本件申告において相続財産の対象から同支払金を除外したことが認められ、そうすると、原告■■に対する小規模企業共済の支払金について、その調査義務に違反しこれを看過していたと認めることはできない。」と判示した。

したがって、税理士が仮に結論として税法の解釈適用を誤ったとしても、

書籍などの資料に基づき税法解釈について税務の専門家である税理士に求められる程度において検討して税務判断をすれば、注意義務違反にならないこととなる。

4　回避ポイント

(1)　本件で、被告税理士らは、Dから、「甲はアメリカ国籍を持っているが、日本国籍は喪失していない。日本国籍も持っており二重国籍である」と伝えられたこと、原告甲の戸籍謄本には日本国籍喪失の記載はなかったこと、国税庁のホームページを調査して二重国籍者も無制限納税義務者に該当することを確認したことから、被告らは調査義務を尽くしており、本件債務控除の過誤に関して債務不履行又は注意義務違反はないと主張した。しかし、裁判所は、「税理士は、依頼者が述べた事実や提示された資料から判明する事実に基づいて業務を遂行すれば足りるものではない」ことを前提とした上で、「国籍法を確認すれば、その場合と異なり、日本国民が自己の志望によって外国の国籍を取得したときには日本の国籍を失うことが容易に判明したのであるから、前記の相続税法基本通達を確認したからといって、税理士としての義務を果たしたということはできない。」と判示して税理士の注意義務違反を認定した。

(2)　日本国籍を喪失した場合に戸籍から当然に離脱するわけではない。なぜなら、外国籍を取得したことは、本人らと当該外国しか知り得ないためである。この点、国籍法11条以下では、日本国籍を喪失する場合について定め、戸籍法103条1項は、「国籍喪失の届出は、届出事件の本人、配偶者又は四親等内の親族が、国籍喪失の事実を知つた日から一箇月以内（届出をすべき者がその事実を知つた日に国外に在るときは、その日から三箇月以内）に、これをしなければならない。」と規定して、戸籍から離脱すべき国籍喪失の届出を国籍を喪失した本人及び親族等が届け出る義務を定めている。

税理士が相続人の国籍を調査する必要性について認識したとしても、戸籍により国籍を確認できると認識している場合には、それ以上の調査を行う必要性を認識せず、過誤が生じる可能性がある。

(3) たとえば、顧問先である株式会社から、株式譲渡の相談を受け、株式譲渡契約を整備し、譲渡承認手続きをして所得税確定申告をしたとする。しかし、数年後、譲渡人と譲受人で株式の所有権を巡って紛争となる場合がある。その時、株式会社が株券発行会社である場合には、会社法128条「株券発行会社の株式の譲渡は、当該株式に係る株券を交付しなければ、その効力を生じない。」によって、いまだ株式譲渡の効力が生じていない場合がある。この場合に損害賠償問題に発展するかどうかは別として、条文を確認しさえすれば、このような過誤に陥ることはなかったはずである。そこで、税理士が業務を行う際には、関連税法だけでなく、税法以外の法令に関しても、「念の為」条文を調査する習慣をつけておくことが肝要である。

【プロフィール】

谷原 誠（たにはら まこと）　弁護士

平成6年弁護士登録、東京弁護士会所属、東京税理士会所属。みらい総合法律事務所代表パートナー。
「税理士を守る会」主催（2024年11月現在約427税理士事務所が会員）
https://myhoumu.jp/zeiprotect/new/

【著書】
「税務のわかる弁護士が教える　税理士損害賠償請求の防ぎ方」（ぎょうせい）
「税務のわかる弁護士が教える　税務調査における重加算税の回避ポイント」（ぎょうせい）
「税務のわかる弁護士が教える　相続税業務に役立つ民法知識」（ぎょうせい）
「税務のわかる弁護士が教える税務調査に役立つ"整理表"―納税者勝訴判決から導く"七段論法"」（ぎょうせい）
「税理士SOS　税理士を守る会質疑応答集」（ロギカ書房）
他、50冊以上。

【研修実績】
東京税理士会、北海道税理士会、東海税理士会、沖縄県税理士会、関東信越税理士共同組合、他多数。

裁判例に見る
税理士損害賠償の回避ポイント

発 行 日	2025年1月31日
著　　者	谷原　誠
発 行 者	橋詰　守
発 行 所	株式会社 ロギカ書房

〒101-0062
東京都千代田区神田駿河台3-1-9
日光ビル5階B-2号室
Tel 03 (5244) 5143
Fax 03 (5244) 5144
http://logicashobo.co.jp/

印刷・製本　亜細亜印刷株式会社

定価はカバーに表示してあります。
乱丁・落丁のものはお取り替え致します。

Ⓒ2025　Tanihara Makoto
Printed in Japan
978-4-911064-16-0　C2034